姚和平◎著

安徽师范大学出版社
ANHUI NORMAL UNIVERSITY PRESS
·芜湖·

图书在版编目(CIP)数据

画说老芜湖 / 姚和平著 . -- 芜湖 : 安徽师范大学出版社, 2025. 6. -- ISBN 978-7-5676-7325-0

Ⅰ. G127.543-49

中国国家版本馆 CIP 数据核字第 2025J48S28 号

画说老芜湖

HUA SHUO LAO WUHU

姚和平◎著

策划编辑：郭行洲　　责任编辑：李　玲　　责任校对：郭行洲

装帧设计：姚和平　张德宝　　责任印制：桑国磊　　封面题字：姚和平

出版发行：安徽师范大学出版社

芜湖市北京中路2号安徽师范大学赭山校区　　邮政编码：241000

网　　址：http://press.ahnu.edu.cn

发 行 部：0553-3883578　5910327　5910310(传真)

印　　刷：安徽新华印刷股份有限公司

版　　次：2025年6月第1版

印　　次：2025年6月第1次印刷

规　　格：889 mm × 1194 mm　1/16

印　　张：12

字　　数：138千字

书　　号：978-7-5676-7325-0

定　　价：59.80元

序

芜湖知名民俗画家姚和平，是个有文化情怀的老芜湖人。三十多年来，他孜孜不倦地用绘画、摄影为老芜湖留下影像，用文字讲述老芜湖故事，发表了大量深受读者喜爱的作品。许多读者将他发表于报刊的老芜湖系列图文作品剪裁成册，以作收藏。

早在2013年，姚和平主创的《鸠兹俗俚》画集即由安徽美术出版社正式出版发行。在同年举办的芜湖首届市民文化节上，《鸠兹俗俚》画集受到参加文化节活动市民的热烈欢迎，数百本书很快签赠一空。《鸠兹俗俚》表现的主要是老芜湖的民俗民风。姚和平还发表了不少以芜湖古城、民间艺人（包括各级非遗传承人）和各种风味小吃等为题材的作品。这些作品所配照片和画作表现的许多场景，虽然今天已经消失了，但这些图文可以说是镌刻老芜湖城市记忆非常珍贵的资料，如葛立三先生的《芜湖古代城市与建筑》等著作选用了姚和平的多件摄影作品，就是明证。可是这些图文还未结集成册，这是姚和平及其作品爱好者的憾事。

今年，在芜湖市文化宣传部门和安徽师范大学出版社等有关领导的关心和支持下，姚和平的《画说老芜湖》终于即将付梓，很快要与读者见面。在为老友姚和平高兴之余，简单说说这部书的几个特点。

首先，作者姚和平具有绘画、摄影等特长，使得本书特色鲜明。本书从民间视角，借助美术、摄影与文字等多种手段综合反映老芜湖特色，相映成趣，并且许多照片是目前已经出版的《影像芜湖》《芜湖老照片》等芜湖地方文化类书籍中所没有的，弥足珍贵。

其次，这部书是目前我见到的同类书中唯一将芜湖老城旧影、俚俗风情、地方风味和民间艺人等汇为一编的著作。作者饱含故土情结、人文情怀，对芜湖古城、老街老屋、风土人情、老字号、民间文艺家均有生动描绘。

最后，这部书不是芜湖历史文化全景式的展示，而是一个老市民的记忆、叙述和情感的汇聚，它主要从微观而非宏观角度记录老芜湖，以纪实图文呈现与这座城市渐行渐远的老芜湖风情，具有芜湖历史与民俗文化研究的史料价值。

芜湖，古称“鸠兹”，有文字记载的历史已有2500多年，具有深厚的文化积淀。本书的出版，将对芜湖市第一条安徽历史文化街区“花街—萧家巷街区”建设，乃至今后的国家历史文化名城创建，发挥积极作用。

帮助姚和平选编他写老芜湖的文章并对所选文稿进行必要精简和初步审校，汇成这部《画说老芜湖》，于我是一件快乐的事，于他则是了结了一个夙愿。这部书图文并茂，相信读者会喜欢。

唐　俊

2025年5月12日

素描姚和平

印象中姚和平先生很擅长钢笔画，当然也用毛笔，仿佛都是素描，或人物、动物、器物，或房厦、街市、山水，寥寥数笔，简约传神，生动有趣，栩栩如生，类似文学巨擘鲁迅的白描手法，更有漫画宗师丰子恺的遗风。姚和平的画艺已形成自己独特的风格，是绝不能等闲视之的，所以我写他总觉得笔力不逮，只能是素描。

从张择端的《清明上河图》中可以窥见北宋汴梁城的民俗景象，从萧尺木的《太平山水图》中可以欣赏当时安徽当涂、芜湖、繁昌的山光水色，这些都是具有历史文化价值的名作。令人欣喜的是，在姚和平频见报端的素描绘画和文字作品中，我们可以看到淡远的古城鸠兹形形色色的历史影像和市井风情。应该说姚和平为芜湖民俗文化的传承做出了长期不懈的努力，在芜湖本土文化的挖掘、研究和传播等方面颇有建树。这种能文善画、左右开弓的人才真是凤毛麟角。

20世纪90年代初我刚回到芜湖，一翻开本埠报纸，就被署名为姚和平的素描插图所吸引，惜无缘谋面。他在报纸上“露脸”的频率太高，看多了，我就一直妄自猜测他是报社美编。直到近几年在网络论坛上相遇，在一些文化活动中相逢，才渐渐熟悉了，才发现他是一个举止儒雅、热诚耿直、多才多艺的人，除了看家本领绘画外，其文字也老到，书法、摄影、弈棋也了得。他的人生格言是“琴棋书画，淡雅人生”，其艺术修为颇深，在休闲时常养鱼、玩鸟、秀一秀二胡。

最近我从报纸和论坛上陆续读到姚和平撰写的《穿越儒林街的岁月时空》《抚摸足

迹　重读一座城》《一个人关于一条街的私人记忆》《老永康——抹不去的五十年情怀》等大块文章。他用一支画笔素描出徽风皖韵、风土民情，让众多市民重拾鸠兹古城的前世今生。我被他“忽悠”着穿越岁月的时空，重温了无数的古城旧梦，那感觉是亲切而温馨的。他对本土文化有着清醒的认知：“对一座历经千年历史的城市来讲，其老街老巷，往往记载着城市变化的重要痕迹，其中还包括在城市发展过程中不断增添的新街、新区、新地名。”“今天，让我们抚摸这座城市的街道巷陌，抚摸时间的足迹，重读芜湖。”于是他徐徐翻开泛黄的纸页，让我们看到他笔下古老的儒林街、中山路、长街、国货路、康复路、芜纺路、公安街、大垄坊、利济巷、怡和巷等老街道、老地名……

其实，从1987年起，姚和平就着手搜集整理芜湖本土民俗文化资料，开始民风民俗题材的书画创作，并一发而不可收，引起了社会各界较大反响。他还在各种报纸杂志上发表了系列绘画配文作品，如宣介中华56个民族起源、民风民俗的《民族大家庭》，介绍芜湖人文历史的《芜湖沧桑》《芜湖诗痕》《芜湖十景》《芜湖市井小照》《辉煌大桥》，以及系列图文作品《戏剧与舞蹈》《成语故事》《诸子百家箴言》等。姚和平还应邀为央视《走遍中国》芜湖专辑电视片配图，2006年为芜湖市邮政局创作了一套《芜湖年俗》明信片，翌年面向全国发行。

从姚和平的图文中，我们得知儒林街18号的雅积楼有一门双进士，有落魄文人汤显祖的光顾，儒林街成就了清代杰出小说家吴敬梓的惊世之作《儒林外史》，有晚清重臣李鸿章为其侄女陪嫁的“小天朝”。他说：“今天，当我又一次走进记忆中的古城儒林街时，呈现在我眼帘中的这条破败不堪的老街，已然看不出她曾经的辉煌。所幸的是，在一片残垣断壁、枯草乱石中，还尚存着被誉为芜湖历史最长、藏书最多的私家藏书楼……”我们得知1925年前的中山路还叫“大马路”，这条所谓的“大马路”是在一处叫“姚家硼”的荒山坡地段开辟出来的，据说是李鸿章儿子、人称“小伯爷”的李经方为做生意而修建的。我们得知利济巷这条往日通向江边码头、看似不起眼的寻常小巷，却因一个家族的兴旺、李经方在靠近吉和街与江边一号码头的位置开办的名为“利济”的轮船公司的红火而声名远播。我们还得知怡和巷就是健康二马路前身……那条叫“半边街”的国货路，当年的芜湖大戏院、《皖江日报》社都曾坐落于此。

最养眼的是姚和平与本埠著名作家谈正衡联手打造的《说戏讲茶唱门歌——江南旧事里的小民风流》。这本书中谈先生的文字之妙暂且不论，单说姚和平这许多幅配图，那卖肉的胡屠夫、教戏的“王连举”、蛐蛐圣手赵小秋、棋魁赵大头、货郎老五、白铁师傅老奎、修伞的吴大郎、吹喇叭的崔大胡子、炸炒米的对对眼老叶、扒灰佬余德宝、剃头匠老宋、吹糖人的高佬、穿棕绷子的张小生、弹棉花的小马、炕烧饼的老瘪子等，惟妙惟肖，妙趣横生，形似且神似，谁看了都会忍俊不禁，的确为正衡的大作增色不少。

姚和平对本土民俗文化的研究并不止于个人的艺术创作，出于艺术家的良知和责任，他还热心参加社区文化活动，积极为抢救和发展民俗文化建言献策，实在难能可贵。

朱希和

2012年9月10日

目　录

第一辑　老城旧影

芜湖是一座依靠长江和青弋江发展起来的古城，有文字记载的历史已有2500多年，文化底蕴深厚，人文景观丰富。今天留存下来的芜湖老街、老建筑及人文故事就是老芜湖历史岁月缩影。

——姚和平题记

儒林街

提起儒林街，年长的芜湖人都有一份难忘的情结。

再寻儒林街，年轻的芜湖人只觉得那是一个传说。

2013年，儒林街已破败不堪，看不出她曾经的辉煌。所幸的是，在一片残垣断壁、枯草乱石中，还尚存着被誉为芜湖历史最长、藏书最多的私家藏书楼，以及与其相隔不远的，标记着晚清重臣李鸿章以权谋私的“小天朝”房产遗迹，让人升腾起一股抑制不住的好奇之心，想穿越那已很久远的，通往儒林街的岁月时空……

雅积楼

明成化二十年(1484),曾任浙江诸暨县学训导的李永家两个公子李赞、李贡双双考取进士。一门双进士,地方官吏、绅士自然要庆贺这样荣耀乡里的喜事,于是没多久,在儒林街上,一座镌刻着“双进士”的石牌坊,便当街高高耸起,引得过往行人驻足仰首观望。李家人喜好读书,是乡里学识渊博的学士,更钟情于藏书。情之所至,藏书不止。为让所藏书籍有个更好的安身之处,李家人索性建了一座占地一亩有余的藏书楼,并特制“雅积”匾额一块,“雅积楼”之名号亦由此而生。打这之后,经李家几代人的不息传承,雅积楼的藏书不觉之中竟达十万卷之多。如此多的藏书,别说在当年很少见,即使时至今日,在私家藏书者中也是很少见的。此可谓:“一门双进士,雅积书香浓。名楼非虚设,儒韵越苍穹。”

在这座芜湖历史最长、藏书最多的私家藏书楼上,被誉为“东方的莎士比亚”的明代著名戏曲家汤显祖晚年时写出了那本经典之作《牡丹亭》。

小天朝

“小天朝”旧址

在儒林街48号，有一座历史悠久的徽派建筑——“小天朝”。这座五开间三进式、具有典型徽派建筑风格的大宅子，始建于清光绪年间。它曾是晚清重臣李鸿章送给侄女的嫁妆，承载着李氏家族的荣耀与辉煌。“小天朝”的艺术性和实用性得到完美结合，代表了清代晚期芜湖地区的建筑水平，具有很高的科学和艺术价值。2012年，芜湖“小天朝”被列为安徽省第六批省级文物保护单位。如今，这座承载着历史与荣耀的徽派建筑，依然屹立在芜湖古城，见证着时代的变迁。

大成殿

如果有人问芜湖学宫（即文庙）在哪里，估计知道的人不是很多；如果问坐落于原芜湖市第十二中学校园内的大成殿，则知道的人不说有几十万人，至少也有十万人。芜湖市第十二中学前身始建于北宋元符三年（1100）。清光绪三十一年（1905），清廷废除科举停办县学，芜湖学宫亦奉诏停办，改称“芜湖县劝学所”。随后，地方政府在学宫内创办了“襄垣学堂”，1949年后改名为芜湖师范学院，1972年正式定名为芜湖市第十二中学。

据史料记载，芜湖历史上这第一所官办最高学府里曾出现诸如南宋状元、著名词人张孝祥，明代画家萧云从，清道光年间户部尚书黄钺等大文人青少年时期在此修学的身影。

1982年5月，芜湖市人民政府将大成殿列为市级文物保护单位；2012年7月，大成殿升级为安徽省文物保护单位。

城隍庙

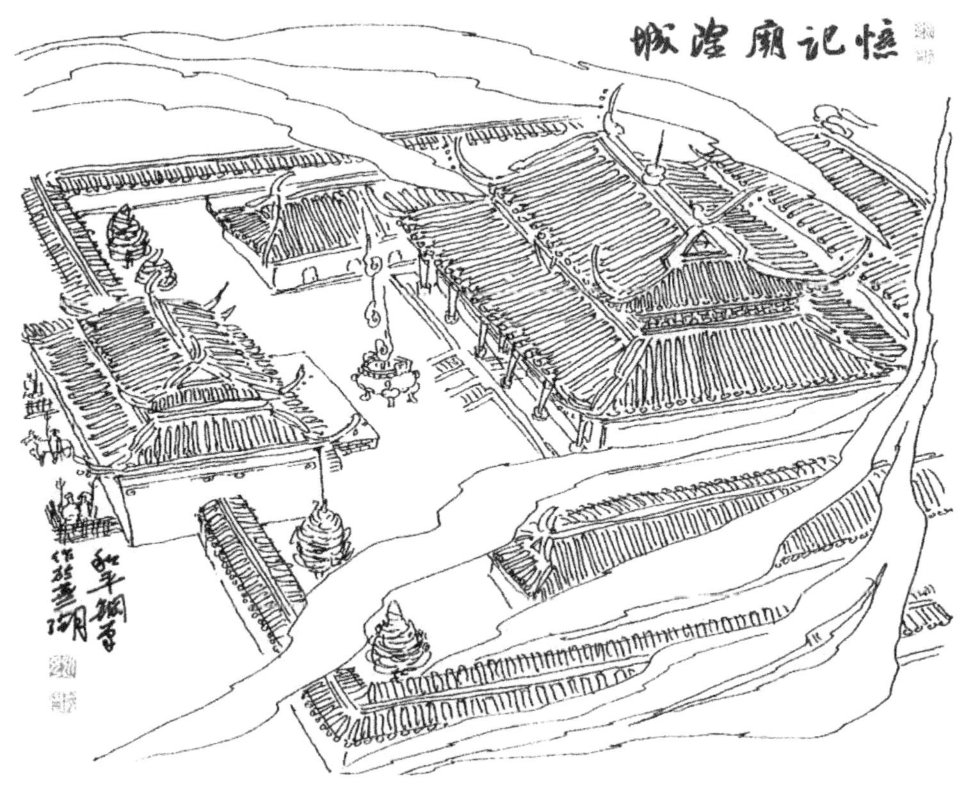

老芜湖虽说地域不甚广阔，但人文底蕴、乡风俚俗却不比毗邻之城金陵逊色，且不说别的，就说古城里先前规模宏大、始建于东吴赤乌二年(239)的城隍庙，据说是为纪念东吴大将芜湖侯徐盛而建，是载于古代文献中最早的城隍庙，堪称中国第一座城隍庙。

今天的芜湖人虽不知道它本来的面貌到底是什么样子，但它一直是芜湖人引以为豪，有着1700余年历史，占地2000多平方米，有着浓郁民俗文化特色的城隍文化建筑群。

2022年初，芜湖古城城隍庙按照“原结构、原形制、原材料、原工艺”的原则在原址进行复建。

百年贞节堂

在古城金马门十字路口马路南边，今天的大砻坊251号，坐落着一座坐北朝南的古建筑，这就是贞节堂。贞节堂距今已有100余年的历史了，是安徽省记录妇女深受封建社会残害的历史建筑。

贞节堂是在2008年芜湖市第三次文物普查中被发现的珍贵文物建筑，发现之时，是安徽省保存下来的唯一贞节堂建筑。

清末官府

清末官府为中西合璧的老建筑，砖木结构，券廊式楼房，外表上看似两层，里面却是三层，建于20世纪初。民国时期，这里是本地政要、士绅名流的聚会场所。

清末官府由前后两部分组成，有两道大门。第一道门在前楼明间的中部，门两边有砖砌外粉的门柱；门上两角雕饰大气，中间为圆形浮雕"丹凤朝阳"，表示紫气东来、好运不断之意。第二道门在后面，花岗岩石库门，非常气派，双扇对开，宽2.4米，高3.77米，门窗、栏杆、挂落纹饰精美，外墙青砖灰缝勾填得十分精细，连门厅西墙上的拴马石都做成了梅花状。主楼前后立面的西式做法与中式木结构完美结合，当为芜湖古城内中西合璧式建筑的代表作。

在历史变迁中，清末官府老宅几度易主。其间，被芜湖名医滕松如买下，人称"滕公馆"。此后，历经风雨的清末官府老宅成为寻常人家的住房。如今，这座刻记芜湖古城春秋往事的老宅，又变身为"芜湖书房·占川书局"，为芜湖人增添了一处幽静雅致的读书好去处。

大清监狱

位于芜湖古城东内街32号的原安徽省第二监狱，即芜湖模范监狱（大清监狱），是全国至今整体原貌保存不多的老监狱旧址之一。老芜湖人习惯称其为“第二看守所”。

监狱主体为四大间监牢，分别命名为“知”“错”“改”“过”。监狱围墙高大森严，东西长约100米，南北长约200米。监狱大门呈圆弧形，正面朝南。大门两侧建有两排平房，十字形监房南北、东西各长约70米，再分东、西、南、北四个楼，连成一体，上下各一层。建筑中心是一栋三层楼高的警戒楼，外形为八角形，当地人称“八角楼”。楼内一层搭建四个木楼梯，连通东、西、南、北四个监舍楼的二楼。四个监舍楼建筑风格和结构相同，均为筒子楼。二层监房中间是一方“天井”，专供犯人放风使用，由铁栏围护。四个监舍楼共有号房128间，一楼主要关押未决犯，二楼主要关押已决犯。监牢内还有犯人澡堂、水牢、水井等。为让犯人在改过自新、刑满释放后能有生活出路，监狱还设有纺织、缝纫等车间，让犯人在改造期间能学一技之长。民国四年（1915）改为芜湖监狱，民国七年（1918）改为安徽省第二监狱，之后成为汽车发动机部件厂宿舍。

2012年，芜湖模范监狱旧址被列为安徽省第六批省级文物保护单位。

大清银行

简介

芜湖中国银行旧址位于镜湖区中二街，由我国近代第一批留学归来的著名建筑学家柳士英于1922年设计。1926年动工兴建，次年竣工。建筑面积1099平方米。西方古典式建筑风格，体量宏大，外观雄伟。主体为三层砖混结构。石砌台基厚重坚固，爱奥尼克式廊柱挺拔隽秀。建成后一时成为芜湖地标式建筑，现仍为芜湖近代建筑典范之一。

2012年7月，安徽省人民政府公布芜湖中国银行旧址为省级文物保护单位。

位于芜湖中二街上的这座中国工商银行，前身为大清银行芜湖分行，设立于清宣统元年（1909），后由中国著名建筑师柳士英设计，于1926年6月1日动工兴建，1927年5月20日竣工并投入使用。银行建筑主体为三层砖混结构，内部为木结构，屋面为灰瓦，建筑面积1099平方米。建筑外观整体呈现西方古典式建筑风格。石砌台基厚重坚固。门厅约为250平方米，高达7米，厅内由四柱支撑，柱头造型别致。抗战时期，该建筑顶部被毁，1946年重修。

时至2011年5月19日，这座破旧的银行老建筑，终于迎来了抢救性全面修缮。2013年10月20日，修缮一新的银行举办了“芜湖·中国历代钱币暨银行展”，以庆贺这座近百年的老建筑涅槃重生，焕发新颜。

天主堂

芜湖天主堂，又称“芜湖圣若瑟主教座堂”，位于镜湖区长江中路90号鹤儿山南麓。天主堂始建于清光绪十三年（1887），开创者为法国传教士金式玉，又名金缄三。

我们今天见到的这座西洋建筑不是最初的天主堂。最初的天主堂毁于1891年。1891年5月，教会和当地百姓发生冲突，发生了震惊全国的“芜湖教案”，致使教堂被烧毁。1892年新教堂开始重建，但在重建中又遭受一次大火，直至1895年6月才建成，一直完好保存至今。

2013年3月，芜湖天主堂被列为第七批全国重点文物保护单位。

老芜湖海关

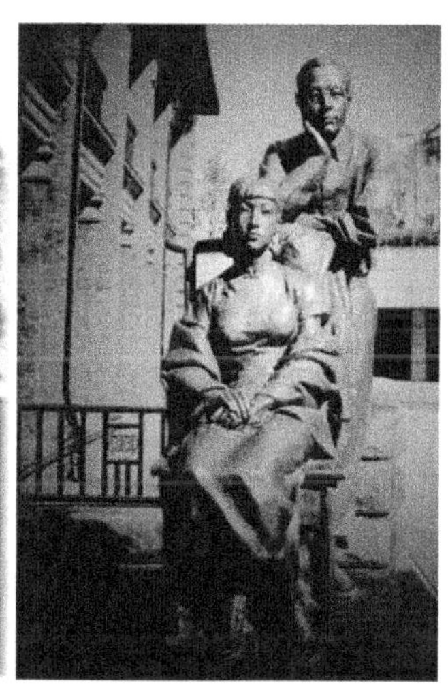

老芜湖海关位于镜湖区滨江北路,是旧中国四十余处海关之一,老芜湖海关大楼是芜湖近代西洋建筑发展的起点。

1876年,芜湖被辟为通商口岸。1877年2月18日,芜湖海关设立,被定为三等海关,自1877年4月1日正式开关,负责征收轮船装运进出口货物的税款,由英领事署总税务司管理关务。1918年,芜湖海关进出口货值达当年全国对外贸易的3.5%,成为长江通商巨埠之一。

1917年芜湖海关大楼开始建设,1919年7月正式建成并投入使用,内有办公楼、检查木棚、货栈及外勤人员宿舍等。2004年,老芜湖海关被列为安徽省第五批省级文物保护单位。2019年,老芜湖海关旧址被列为第八批全国重点文物保护单位。

历经百年风雨的老芜湖海关大楼,是江城芜湖开埠通商的缩影,也是芜湖西洋建筑中一幢标志性建筑。

十里长街

芜湖曾有一条400余年历史的长街，这条长街没有在凄风苦雨中湮没，却成了现代建筑的奠基石。

明万历三年(1575)，朝廷批准芜湖建城，但明城比宋城缩小了，西边城墙把原西门大街截断了，城内叫西内街，城外叫长街。到清康熙十二年(1673)，长街一直延伸至宝塔根，首尾长约七里，号称“十里长街”。芜湖人习惯把长街分为三段，即从西门口至状元坊一段叫“上长街”，状元坊至宁渊观一段叫“中长街”，宁渊观至宝塔根一段叫“下长街”。

1903年，绩溪人汪孟邹在长街20号创办了名为“芜湖科学图书社”的书店。书店一方面经销新书刊，另一方面则成为芜湖进步人士的活动场所。陈独秀就曾在书店小楼上编写著名的《安徽俗话报》。

长街曾是芜湖最繁华的商业街。街道两边店铺林立，商品琳琅满目，行人摩肩接踵。除了城里人喜欢到长街或购物，或游玩，或看热闹外，四邻八乡的人也纷纷慕名来到长街，挤在购物人流中，让长街人气爆棚。

南门湾

南门湾形成于宋代，是芜湖繁华的商业老街之一，已有千年历史。

明万历三年（1575），芜湖为加强防卫，再次修筑城垣，历时5年终于建成。街口正对城南门——长虹门，由南门进城，沿街缓行百余步，就需拐弯而行，故此街被称为“南门湾”。

南门湾原来呈“丁”字形，长130余米，宽3米多。民国八年（1919）前称为“南门大街”，东与儒林街相接，西头转过一处小弯，向北与花街、薪市街相通。南门湾建成后，曾进行过多次整修，始终保留着古色古香的风韵。南门湾街道两旁多为两层小楼，砖木结构，一般都是前店后宅，鱼鳞瓦顶，既可遮阳，又可挡雨。街道两旁商铺林立，商品丰富，种类繁多。这里曾有著名百年老字号顾家酱坊及永森酱作、王义记肉业、张祥兴烟店、同泰豆腐店、仁泰烟庄、民生机面店、新光照相馆、泰昌五洋、瑞昌杂货、明记百货等，每天顾客盈门，人流如潮。

花　街

宋初，芜湖开始筑城，城区街市逐渐形成，花街初具规模，清乾隆年间直到民国初期的一百多年里，一直被称为“安丰里”，后来又恢复名称为花街。

花街位于古城西南边，与南门湾相接。街道为南北走向，南起南门湾，与薪市街垂直相交，北至十字街，与衙署前门相接，全长180米，宽4米左右。街道两旁的房屋鳞次栉比，多为前店后坊，与店铺相连的是两层砖木结构的徽派楼房。花街是芜湖竹器业最为集中的生产、营销之地。

花街手艺人制作的竹篾花灯，灵巧、秀气、精致，有浓郁的民俗文化味。在传统节日期间，手艺人会将他们精心编扎的各种花灯悬挂在店堂里、大门前，招揽顾客。其中有各种形态逼真的鸟兽虫鱼灯，有形状各异的滚龙灯、板龙灯和竹篓灯，有栩栩如生的猪八戒、孙悟空等人物灯，还有其他宫灯、花球灯、花鼓灯、花篮灯等，异彩纷呈。到了晚上，各家各户都点亮门前的花灯，把花街照得如同白昼。老芜湖人中流传着一首打油诗：“花街半里路，尽是篾匠铺；平时卖竹器，正月花灯出；夜晚点亮灯，疑是天仙处。”

状元坊

在芜湖中二街与中长街之间有一条南北走向，长百余米、宽四五米的小巷，至今还保留着一个很文气的地名：状元坊。

状元坊地名之由来，自然与状元有关。南宋绍兴二十四年（1154），在芜湖一条不知名的老街中，有位年轻人考中了状元，他就是后来的南宋著名爱国词人、书法家张孝祥。张孝祥，字安国，别号于湖居士，辞官归隐于芜湖。张孝祥情系乡里，捐田百亩，汇而成湖，造就了芜湖城池腹地一处“鸠兹烟水地”“人在小蓬莱”的诗意人文景观。

岁月如梭，状元府第曾一度成为湖南公馆，之后又成为芜湖联大校舍和技校教学用地。如今，曾经纪念张孝祥的状元牌坊已无踪迹可寻。

岁月的流逝、社会的变迁，并没有湮没故里乡邻对状元张孝祥的怀念，状元坊这一地名，便是刻记一隅故里人文、乡风民俗的方式之一。

萧家巷

萧家巷主道为南北走向，南自丁字街，北至东内街，全长290米，宽2米多。主巷东侧有两条平行支巷，东西走向，连接官沟沿；西侧还有一条支巷，与花街相接。清乾隆年间铺为弹石路面。清咸丰年间萧家巷曾毁于清军与太平军交战的炮火中，化为一片废墟。如今的萧家巷内现存的建筑大都是清末民初建造的，街巷老宅多以徽派建筑为主，亦有多处西式建筑，如项氏钱庄、翟家花园等。

关于萧家巷最早形成于哪一年，目前尚无准确文字记载。但从清康熙十二年（1673）的《芜湖县志》中可见，“县东大街”内已有“萧家巷”之文字记载。因此，萧家巷至少存在了352年。这一年（1673），芜湖著名画家、姑孰画派创始人萧云从辞世于萧家巷。

萧云从（1596—1673），字尺木，号于湖老人、无闷道人、默思。清顺治五年（1648），萧云从创作了在中国画坛很有影响力的43幅《太平山水图》，这也是姑孰画派的代表作之一。我国现代文学家郑振铎对《太平山水图》赞扬道：“图凡四十三幅，无一不具深远之趣。”18世纪，《太平山水图》流传至日本，在日本画坛影响颇大，为许多日本画家推崇、研习，促使日本南画快速发展。

堂子巷

堂子巷是清嘉庆年间因一澡堂而得名的。此前清康熙十九年(1680),徽商孙继禹等人在这条巷子里创建了新安文会馆,即后来的徽州会馆。

堂子巷是往日芜湖古城内的一条主巷道,位于现今九华山路西侧,南起西内街,北至淳良里,东邻索面巷,西接环城西路,全长约200米,宽3米左右。这条巷中曾住过汪、崔两个大户人家,他们拥有的房屋占该巷一半之多。

堂子巷的闻名,不仅在于这些古老的建筑,更在于这里曾是安徽第一个话剧团——"迪智群"排练的地方。"迪智群"话剧团的组建者齐月溪就住在堂子巷内,这位当时被称为"芜湖才子"的话剧爱好者曾组织"迪智群"的演员们投身辛亥革命。

唐仁元旧居

晚清名将唐仁元旧居始建于清代晚期，其原址本不在古城儒林后街17号。1956年，因建造弋江桥，地处环城南路45号的原唐仁元旧居，正好位于弋江桥北端，只得搬迁。房主不忍废弃老宅物件，于是将拆除后的老宅所有砖木构件标上记号，搬迁至古城儒林后街，依照老宅原样，整体复原。将老宅整体搬迁至新址复原，这在芜湖，甚为少见。

搬迁后的唐仁元旧居，坐北朝南，两进，砖木结构，硬山式屋顶，抬梁式梁架，面阔三间11.4米，进深16.25米，建筑面积288平方米。南向第一进为门厅，门上镌有一副行楷对联："熙朝开景扎，天下庆文明"。门后是一个青石板铺成的庭院。第二进是两层主楼，每层檐下的立柱上方，木雕撑拱上的雕刻内容都体现了中华传统文化特色。例如，一楼的一根撑拱上雕着《三国演义》中的"三英战吕布""桃园三结义"场景，另一根撑拱上雕有"八仙过海"中的八仙人物，背景衬以如意花草等图案。

老宅主人尚叶文

张勤慎堂

在萧家巷16号，有一座老宅很别致，它就是张勤慎堂。其建造者是洋务运动的积极参与者吕福堂。1920年，吕福堂全家搬离芜湖，张海澄购下此房，改堂号为“张勤慎堂”。

张勤慎堂是典型的徽派院落，坐北朝南，略偏西，面阔三间，进深三进，占地面积380平方米，建筑面积545平方米。南檐墙两角安以石界碑，阴刻楷体“张勤慎堂墙界”。除了第一进门厅是单层建筑外，第二进、三进均为两层楼房。门框和墙裙均以大理石砌成，门前比较开阔，正对着丁字路口，时人认为于风水有碍，所以门前原先有一个壁照，上嵌刻“暗八仙”，即道教八仙人物使用的法器，借以护佑主人逢凶化吉。檐墙东西两侧离地面一米多高的地方，各有一个蛙形拴马石。遗憾的是，约2013年后，拴马石被人盗走。

张勤慎堂有两个独特之处：一是大门的开法比较独特，开在南檐墙中部，略向西斜，向内凹进一米，东西两侧向外突出；二是前檐墙体的做法比较独特，正面屋檐的墙面上部有数层叠饰，中间还有一道水波纹浮雕装饰带，使建筑立面显得层次分明，轻盈生动又美观清新。

项氏钱庄

萧家巷28号的一幢法式小洋楼，建于民国初年，是当年古城办理银钱存折、押汇、放款、借贷及发行银票、钱票等业务的钱庄。

建造这座小洋楼的人叫李瑞庭。李瑞庭瞅准这里的生意人需要资金流转，于是在此开设了一家钱庄。钱庄生意十分红火，后因时局动荡，李瑞庭将钱庄转给项德沛，由项家继续经营。之后人们便习惯称这座小洋楼为项氏钱庄。

华牧师楼

位于古城太平大路17号的一座由青砖砌就的中西合璧式高楼建筑，就是刻记基督教会在芜湖发展印记的华牧师楼。

华牧师楼建于20世纪20年代初，因美籍传教士华思科夫妇最先入住此楼，当地居民遂称此楼为“华牧师楼”。华牧师楼坐北朝南，面阔13.5米，进深18.7米，占地面积253平方米，建筑面积684平方米，共四层，每层有正房五间，一至三层为当年教会牧师居住的宿舍，四楼的层高明显矮于其他三层，用作储藏室，兼作隔热层。楼内全部为木地板。除一楼外，其余每层正南面都有一个30余平方米的大阳台。

华牧师楼是中西文化交流的产物，印证着芜湖是一座开埠之城。

第二辑　鸠兹俚俗

一地一市，一乡一镇，因地域不同或文化传统不同，形成各具特色的乡风民俗，即使有些民俗大体相同，细微之处也各有各的讲究。如“舞龙灯”虽说流行于全国各地，但在芜湖流行的却是“板龙灯”。芜湖这样一个历史悠久、文化底蕴深厚的古城，其乡风民俗自然也丰富多彩。

——姚和平题记

绘画创作：姚和平

逮蛐蛐

蛐蛐，除了又叫蟋蟀外，还有许多其他别称，如夜鸣虫、棺材头、将军虫、秋虫等，喜欢栖息于砖石下、土穴中、草丛间。

逮蛐蛐是一件充满刺激和快乐的事情，不仅要冒风险，还要有耐心，尤其是在荒郊野外的草丛乱石之中，若不小心，就会被藏在其中的毒虫叮咬，那可能会出人命的。越是善勇好斗的蛐蛐，越喜欢藏身于这样充满危险之地。

通常，好蛐蛐不太喜欢鸣叫，偶尔鸣叫后会隔很长时间才再次鸣叫。因为不知道它藏身何处，所以逮蛐蛐时需要耐心守候，这时即便有蚊虫叮咬也不能大声说话，或者有大动静，以免惊动蛐蛐。当蛐蛐多次鸣叫后，就能确定它的藏身之处了。但此时还不能立刻上去捕捉，否则很容易伤到蛐蛐，要小心翼翼地看准后，用随身带来的网罩罩住欲逃跑的蛐蛐，然后再腾出手，轻轻地将蛐蛐装进小竹筒或小瓶罐中。收获战果后的小伙伴们一路又蹦又跳地凯旋。

玩蝈蝈

蝈蝈，是一种全身鲜绿或黄绿色，鸣叫起来声音特别响亮、好听的鸣虫。蝈蝈与蟋蟀、油葫芦并称为三大鸣虫，是往年夏季孩子们的乐趣所在。

往年，城里孩子们玩的蝈蝈，大多是从游走于大街小巷卖蝈蝈的人手里买来的。因为蝈蝈不像蟋蟀，在城里的荒郊野地、屋前屋后的墙角或水塘边的草丛中能逮到，蝈蝈不容易见到。只有乡下的孩子们才能随心所欲地在自家附近的田野里亲手逮蝈蝈玩，这也是乡下孩子们才有的福气。

每年夏天，都会有附近乡下的人或专门做蝈蝈生意的人，到城里来卖蝈蝈。他们用秸秆或篾片制作成八角、宝塔、宫灯等形状的笼子，将蝈蝈一只只装在单个笼子里，然后将七八十个笼子用绳线穿在一起，挂在一根扁担或木棍的上头，用肩扛着，来到城里大街小巷，一路叫卖。不过，多数时间，这叫卖由被卖的蝈蝈给代劳了，卖蝈蝈的人只管一路静静地走着就行了。

蝈蝈可不是用嘴鸣叫的，而是靠两叶前翅摩擦发出声响。蝈蝈两翅摩擦得越有劲，发出的声音就越响亮。因此，选蝈蝈时，要选个头大、身体壮的，这样的蝈蝈不仅鸣叫时声音响亮、持久、好听，而且活动时间也长久。现在，每到夏季，偶尔还能在赭山公园、镜湖公园、菜场路边等看见卖蝈蝈的人，让人看了仿佛又回到了昔日的童年。

看小人书

小人书，也叫小画书、连环画，是一种以图画为主，辅以简短文字介绍的书籍。

20世纪六七十年代，在大砻坊1路车站永康宿舍大院门口就有一个小人书摊。书摊比较大，有三大板书架，书架板每层都用橡皮筋做成的绳条拦住，这样取放时书都不会掉下来。书架一般都靠在路边围墙上，旁边放有四五个长条凳及数个低矮的木凳，这样孩子们就能静静地坐在凳子上慢慢看自己喜爱的小人书了。有的孩子看过一本后还不过瘾，摸摸口袋里还有零钱，于是又站起身来在书架上寻找自己喜爱的小人书。

小人书摊人气很旺，每天都会有许多孩子在这里看小人书。有趣的是，精明的剃头挑子生意人，也喜欢靠在小人书摊旁边。因为有的孩子不喜欢剃头，于是给孩子剃头时，大人就花2分钱租一本小人书给孩子看，这样孩子剃头时就安稳了。

随着时间的推移，小人书摊已淡出现在的城市生活圈。

滚铁环

往年，孩子们的玩具大多是自己亲手制作的，比如铁环。

滚铁环是孩子们喜爱的游戏之一。只要父母不管，孩子们就能从早玩到晚。在空旷的场所或街头巷尾，你只管滚着铁环自由自在地飞奔，没人会找你要一分钱。

铁环的来源很简单，像家里修木盆、水桶时换下的废弃旧铁箍，就可当成滚铁环的玩具。家里没有多余的旧铁箍也没关系，用大人们从外面工地捡回来的或邻居家不用的8号铁丝和老虎钳就可以做个铁环。铁环做好后，再用8号铁丝做一个前端有凹槽，后端有手柄的铁丝钩子。滚铁环时，手持约1米长的铁丝钩子推动铁环快速前行。不过，用铁丝做的铁环轻，没有旧铁箍运行稳定，稍显轻飘，也不太好提速和把握铁环滚动的方向。

滚铁环，可以自己一个人玩，也可以和玩伴一起玩，还可以进行竞技比赛。比赛滚铁环很简单，就是与几位玩伴约好滚铁环的起点和终点，看谁的铁环一路滚动不倒，最先抵达比赛终点。为给比赛增加难度，孩子们便会有意挑选坑坑洼洼的土路进行比赛，这样就可以看出各自滚铁环的技艺高低了。

打水漂

打水漂，是孩子甚至大人都很喜欢玩的一项水上游戏。

打水漂虽说没有多高的技术含量，但也需要掌握简单的要领。

一是对石块的选择。选石块时，要尽量选适合抓握的扁薄、光滑的轻巧石块。这样的石块在水面向前冲击滑动的时间会久一些。当然，有瓦片更好，只是塘边很少有瓦片。

二是投掷石块的要领。投掷石块时，不能像投掷标枪、铅球那样直接用力砸向远处的水面，而要双腿分开，前腿弯曲，后腿伸直，弯腰后倾。抓石块的手臂先用力上扬，在将石块掷向水面时，握石块的手要与水面尽量保持在一个水平面上，然后以大臂带动小臂，用力将手中的石块掷出。这样，打出去的水漂，会像水塘中嬉戏的黑水鸡，双脚踩踏水面，飞速向前，给身后水面留下一道数十米长的白色浪花，直至石块因冲击力减弱，沉入水面。

打水漂还曾被列为一项正规竞技比赛，1947年在哥本哈根举办的丹麦锦标赛，被认为是最早的打水漂赛事。

打三角

打三角的“三角”，是往年孩子们用自己收集来的各种烟盒纸折叠成的三角形玩具。

要玩打三角，首先自己得会用烟盒纸折三角。

折三角，是一个熟能生巧的手工活。首先将烟盒纸拆开用手压平整，这样折成的三角才会坚挺，不会松软。然后依次将长方形的纸一头一边角向内折回，再将折回的斜角向上对边折回，形成等腰三角形。再将纸另一头直角，依第一步手法折回，由底部形成的三角形对折，再将多出的斜边塞进三角夹层内，这样一个漂亮的烟盒纸三角就制作好了。孩子们一般要先在家折一二十个三角，为了使三角平整坚挺，他们会将折好的三角用砖头压住。

打三角虽说不需要多高的智慧，但也是有些技巧的。例如，在将自己手中的三角用力摔向地面时，三角接触地面的面积越大，下落的速度越快，三角撞击地面掀起的气浪就越大，打翻地上伙伴三角的概率就越高，就越有可能赢得战利品。孩子们乐此不疲，赢家赢了还想赢，输家输了不服气还想扳本。

挤油渣子

挤油渣子也能当游戏啊，那不弄一手油吗？估计现在很多人会疑惑地问。

挤油渣子，可不是真的弄块生猪肉来挤油玩，它是往年孩子们冬天在室外或室内进行的一个抱团取暖的集体游戏。就是邀上院子里的小伙伴或学校里的同学聚到一起，贴着老宅院墙或学校围墙，以墙面作支撑，十几个孩子对半分成两组，一字排开紧靠着墙壁，互相肩膀抵着肩膀，依次使劲往中间挤。在挤的过程中，力气小的，或没有靠紧墙壁的，或腿脚站不稳的孩子就会被后面的人挤出人群。被挤出的孩子又赶紧跑到队尾重新开始往前挤。挤的时候还要喊口号，如“一二、加油，嘿哟、嘿哟”，直挤得每个人全身发热、头上冒汗。通过这种循环往复、乐此不疲的人挤人方式，孩子们将身体里的寒气驱走，让热量灌满全身。这就是冬天的挤油渣子游戏，既开心热闹，又能驱寒取暖。

随着人们生活条件的不断改善，靠挤油渣子来取暖的游戏逐渐消失了，成为一段难忘的记忆。

天下太平

天下太平游戏，适合两个趣味相投的孩子在一起玩，这样不容易争吵。小伙伴们选择一块干净、整洁、平坦的场地，面对面席地而坐，各自面前用粉笔或树棍画一个大田字格当棋盘。双方讲好游戏规则后，便伸手挥舞着手势，以“石头剪刀布”的猜拳方式，同时喊出“天下太平，你输我赢”的口号进行对决。一方每赢一拳便可以在棋盘上写出一笔，字体随意，没有限制，笔画按上下左右有序书写，字必须写得规范，笔画、笔顺不能错。如果一方写错了笔画或笔顺，对方就有权要求写错的小伙伴停写一次，自己则获得多写一笔的机会。然后，还是以“石头剪刀布”方式反复猜拳。赢者，赢一次写一笔，赢两次写两笔，以此类推。谁赢的次数多，谁就能率先写完“天下太平”四个字，自然也就是游戏的胜利者。

跳房子

跳房子，可不是从房子上往下跳哟，它是往年孩子们非常喜欢的一种游戏。

跳房子是一种集体竞技游戏，有三五人或更多人参与。所谓房子，就是在地上画出一个房子的外形，然后再画出隔间，房子顶端的单独隔间叫“天宫”。

跳房子时，先由一个人独立完成。游戏规则很简单，就是参与游戏的人先将一块小瓦片(有的用自制小沙包)丢入地上画的房子里，从房子底部的第一隔间开始跳。起跳的时候，要求单腿跳入隔间，单脚将隔间里的小瓦片依次从第一隔间，踢送到最后一个隔间“天宫”，就算完成任务，或叫“通关”。第一个人顺利通过了，或中途没有按游戏规则完成就得下来，换队伍中的第二个人接着跳，到最后，谁的成功率最高，谁就是胜利者。

跳橡皮筋

跳橡皮筋是20世纪六七十年代女孩子们特别喜爱的一个游戏。

往年，在院子里或学校操场上，几个小伙伴遇到一起，就会开心地拿出自制的橡皮绳玩跳橡皮筋游戏。跳橡皮筋的规则很简单，就是将一根约4米长的橡皮绳对接系紧，然后套在两个人身上拉直，两个人面对面相距3米左右，这样就形成两条橡皮绳，孩子可以一边唱着儿歌，一边用脚在两根绳之间翻花似的挑动橡皮绳。

老永康食品厂用的糖果包装纸，都是用橡皮筋一捆一捆包扎的，每天会有许多用过之后废弃的橡皮筋被在厂里上班的大人带回家给孩子制作橡皮绳。这样制作的橡皮绳不仅好看，而且弹性也比用松紧带制作的橡皮绳好。

跳橡皮筋游戏有一个流程，能顺利从一级跳到七级，就算过关。这个流程就是：橡皮绳的高度从最初的脚踝处，逐步上升至膝盖、腰部、胸部、肩膀，这样的高度，孩子基本上都可以轻松过关；难的是，当橡皮绳上升至孩子耳朵处及用双手举过头顶（这个高度叫"大举"）时，就很难了，腿部柔韧性差的孩子很难过关。跳橡皮筋的动作有挑、勾、踩、跨、摆、碰、绕、掏、压、踢等十余种，要说不难，还真有点难。

老虎灶

在老弋江桥南边桥头下的南街中段，与东西走向的财神巷交叉口处，有一座近百年历史的老虎灶。

据老虎灶传人黄兆玉回忆，民国元年(1912)前后，其父黄志清只身一人从无为乡下来到芜湖讨生活，在河南(青弋江南)盆塘沿道台衙附近的一位叫张忠信的人家做挑水工。黄志清年轻体壮，为人又忠厚老实，从不耍滑头，三年下来，深得老东家张忠信的喜爱。

一天早晨，张忠信将刚要出门挑水的黄志清叫到身边，关切地对他说："志清，你也到了该独当一面、自谋生计的时候了，不能老是这样在我家做帮工，你还要结婚生子，要有自己的家业才是。"说话间，张忠信拿出事先准备好的100块大洋对黄志清说："这是100块大洋，借给你先用着，你就在南街找个临街的门面，开个老虎灶。"就这样，黄志清在老东家张忠信的真情帮助下，开了这间老虎灶，并靠着这份稳定的营生娶妻生子，一干数十年。1961年，黄志清老了，于是将老虎灶传给了儿子黄兆玉。2008年底，因城市改造，老街拆迁，城市居民生活设施改善，经营了近百年的黄家老虎灶，与老街一起消失在了岁月的时空之中。

自来水站

提到已经消失的自来水站，相信老芜湖人一定会记忆深刻。那是一段难忘的城市生活经历。

20世纪六七十年代的芜湖，居民生活用水可没有今天这样方便。大砻坊永康宿舍大院里，共有200余户人家，整个大院中只有一个供水的自来水站。那个年月，对于家里没有水井的居民而言，饮用水的主要来源就是自来水站。当然，也有人家花钱请挑水工下河沿挑江水回来，再用明矾净化水质后饮用的。在永康宿舍大院，每天早晨，自来水站便是最热闹的居民聚集点。大院里上海人居多，这是因为永康食品厂是1956年10月由原上海蓓蓓饼干厂、大成糖果厂、工利面包厂合并，迁至芜湖而建的。因此，在自来水站取水的居民中，相互打招呼、闲聊家长里短，声音最响、最热闹的便是上海话。

剃头挑子

剃头挑子，指的是往年手艺人走街串巷或在公园僻静的地方专门给人理发用的那套“家伙”。

手艺人用一根木制或竹制的扁担，挑着理发用具一路走一路喊“理发——理发——”。遇到人多的地方，他们会放下沉重的挑子，在路边等候顾客。

剃头挑子里的物件，挑在肩上看似没多少，可往地面上一摆开，还真不少。它有两个大物件。

一个是给顾客坐的理发专用座椅。座椅的靠背能前后活动，靠背上方横头还有个可以活动的木枕头插件，可供顾客躺在椅子上刮胡子、掏耳朵。在座椅下方，还有一个能拿出和收进的、给顾客躺倒时伸腿搭脚用的脚垫子。另外，座椅两边还有扶手架子。早期的理发座椅，也有简单用木板制作的，长约90厘米，高约60厘米，下宽上窄，内有几层抽屉，既可当座椅，又可当作收纳理发用品的箱子。

另一个就是给顾客洗脸用的木制洗脸架子，高约1.6米。洗脸架子上方中间镶嵌有一面镜子，下方1米左右的位置放洗脸盆及一些小物件，如梳子、肥皂等。架子上方两边还可以挂洗脸毛巾、荡刀布。除此之外，还有带竹编护套的热水瓶、小方凳等。

磨剪子铲刀

磨剪子嘞——戗菜刀！这耳熟能详的民间手艺人的吆喝声，伴随着芜湖人几十年而不曾远去。

如今，磨剪子、戗菜刀的手艺人还经常出现在我们的日常生活中，这主要是因为我们的生活一直没有离开过剪子、菜刀，它们没有因为生活现代化而被淘汰。

磨剪子、戗菜刀的手艺人都有自己的“道具”。首先是一张必不可少的长条木凳子。这条凳子承担的“重任”可不轻，主人每到一处停下来工作时，它就要给主人当“马”骑。主人坐在凳子后端，双腿叉开，呈马步状，这样才能舒舒服服地工作。其次是固定在凳子前后的一块或长条形，或圆形砂轮状的磨刀石，还有一件上端呈“丁”字形，下端用合金钢制作的铲刀工具。这个工具很重要，遇到没开过口的新刀，因刀刃过厚，磨起来很费事，就可以用这把铲刀将刀刃两面铲到能够用手工打磨的厚度。再次就是装水用的铁皮罐子或大玻璃瓶子及用长碎布条制作的“小拖把”刷子。磨剪子、戗菜刀时要不时地用这“小拖把”在罐子或瓶子里沾水刷在磨刀石及剪子、菜刀上，起到润滑及清理污垢的作用。最后，还有一个装东西的布袋(或网兜，或编织袋)，这里面装有手艺人的杯子，试剪子、菜刀快不快的碎布条，以及其他备用品等。如此，这条凳子重十余斤，往年的手艺人每天扛着凳子，负重前行于街头巷尾。

炸炒米

炸炒米,又称“爆米花”,最早起于何时,是谁发明的,不得而知。

与往年相比,如今炸炒米的主要构件,除了装有压力表的滚筒铁锅及炉子外,其他构件没有太大变化。所不同的是,往年炸炒米用的木制风箱,现在改为了小鼓风机。

炸炒米的摊点总有很多人围观。只要炸炒米师傅一出现在老街路边,孩子们闻讯后,就会从各自家里用小布袋或小盆装上大米、玉米、蚕豆、黄豆等粮食,兴高采烈地来到摊点排队等候。

炸一锅炒米约10分钟。时间快到时,师傅会熟练地将长长的厚布袋套在炒米机的出米口上,然后手握一根铁制小撬棍准备开锅。开锅前,面对周边围观的人群,师傅会大声吆喝道:“开——炮——了——”此时围观的大人小孩会立刻用双手捂住耳朵,等待那一声最精彩的“开炮”声响。

补碗补缸

“没有金刚钻，别揽瓷器活”，这句话说的就是往年的锔瓷手艺。现在已经看不到这样的手艺人游走在芜湖街头巷尾了。

往年，与人们日常生活息息相关的锔瓷手艺，大抵是补碗补缸了。锔补修复瓷器这一民间技艺的产生与中国瓷器的发展有着密不可分的联系，但具体起始于何时，已无法考证。宋代张择端的《清明上河图》中有一个锔匠做活的场景，说明锔瓷手艺在宋代民间已较为普遍。

20世纪六七十年代，不仅寻常百姓家需要补碗补缸的手艺人，而且散落于城乡的酒厂、酱坊、豆腐坊等也需要锔瓷手艺人修补破损的瓷碗、水缸等。因此，那时焗瓷手艺人几乎不用愁没有生意可做。

补衣女

说到城市记忆，老芜湖人一定知道往年在中山路百货大楼两边的人行道上，在大寨路（今天的九华山路）的街头巷尾，在陶塘堤边柳树荫下，在大砻坊1路车站边的露天菜市场……都有为人修补衣服的补衣女。

补衣女用纯手工修补衣服，没有缝纫机辅助。补衣女的做活用具主要有一个小板凳和一个装满针线活用品的布袋子。布袋子里有各种型号的缝衣针，有修补毛线衣用的钩针，有各种颜色的丝光线、棉线、碎布料、毛线，有各种类型的纽扣等。

往年，有人衣服磨破了、毛衣脱线了，都可以花点钱到补衣女的摊子上修补。补衣女会根据衣服的布料、颜色，挑选相应的线和合适型号的针。只见她把线头放在嘴边抿一下，再用手指在线头上捏几下，对准针孔，一穿而过。其穿针引线的动作不超过20秒，显得非常轻松利落。

穿绷子

棕绷床，也叫绷子床。相比木板床，绷子床硬而有弹性，软而不下陷；冬天透气保暖，夏天舒适凉爽。四五十年前，在没有“席梦思”床垫的时代，不论是城市，还是农村，家家都少不了一张棕绷床。

棕绷床用硬木料做床的框架，四边对称开凿几十个小圆孔，再将棕绳由四边小圆孔对应穿进拉出，经上千次挑、勾、拉、压、锤等步骤手工编织，一张极有弹性的棕绷床就做好了。

棕绷床床面有三层，最上面一层是用棕绳从床架小圆孔穿进拉出编织而成的经纬线，床架上的每个小圆孔里能穿入六根棕绳，这样棕绳就能编织得很细密；中间一层是用棕绳单向编织的条纹图案；最底下一层也是用棕绳拉成的经纬线。一张棕绷床要用一千多根棕绳。

手艺好的师傅能将棕绷床上的棕绳编织成各种漂亮的图案，如双喜、万字、百吉等吉祥图案。这样的棕绷床，价格自然要比简单的横平竖直或对角斜拉编织的棕绷床贵多了。

往年，穿绷子的手艺人，基本上都以修复旧棕绷床为主，也有应顾客的需要，上门制作新棕绷床的。对此，穿绷子的手艺人至少还要有一定的木匠手艺，不然就接不了做新棕绷床的活。

估衣行

估衣行,又叫估衣铺,是往年旧衣服的专卖店。

估衣行存在的时间最少也有一百年了。清道光年间,有位叫崔旭的文人就写有《估衣街竹枝词》:"衣裳颠倒半非新,挚领提襟唱卖频;夏葛冬装随意买,不知初制是何人。"从崔旭的这首诗不难看出,即便是卖旧衣服,也要在店里不停地吆喝。

过去,在芜湖老长街估衣行店堂前,伙计手拿一件旧衣服吆喝着:"这件衣服真好看啦,穿在身上真大方,便宜又漂亮。哪位要买,只要4角钱,请外面看看,里面看看,上下看看,要买赶快买哟……"他有时向顾客展示,有时在自己身上比量。卖出后,伙计再拿出另一件衣服,又老调重唱,情景恰如崔旭《估衣街竹枝词》所写。

20世纪80年代,在芜湖中二街五金站边上有一个面积很大的室内旧货市场,里面有销售各类旧货的摊位,每天前来购物的市民比菜市场的人还多,足见现在人们不屑一顾的旧货,在往年还是有很大市场的。

轿夫行

轿夫行，在往年可是一个人们非常熟悉的行当。轿，即轿子，又称“花轿”或“喜轿”，是一种用人抬的交通工具。轿夫行，即租赁轿子的轿铺。

在传统的婚俗中，花轿是送嫁迎娶不可或缺的工具，并由此衍生出上轿、起轿、喝轿、压街（颠轿）、落轿等环节，把整个送嫁迎娶的喜庆气氛推向高潮。

往年，谁家公子要迎娶新娘子，十有八九要到轿夫行租一顶轿子，请来秧歌队，由轿夫抬着新娘子，一路敲锣打鼓，喜气洋洋地将新娘子从娘家抬到婆家。当然，也不是每个新娘子都能坐上花轿，因为那是要花大钱的。经济条件不好的人家，姑娘只能骑上小毛驴，或坐上独轮车等简易交通工具，由新郎官一路陪伴前往婆家。20世纪七八十年代，也有新郎官骑着自行车带着新娘子，一路欢声笑语，喜气洋洋地将新娘子接回家的。

以轿子迎娶新娘，是传承了千百年的中国民俗。据老人回忆，往年芜湖的长街、笆斗街、陡门巷等老街上都有轿夫行。现在的芜湖婚庆公司中，有的也提供花轿等中式婚庆礼仪服务。

第三辑 故乡风味

一座城市给人留下深刻印象的，往往是与这座城市同呼吸、共命运，有着浓郁地方历史文化特色的人文风情、名胜典籍，此外还有享誉一方的故乡风味。

——姚和平题记

百年老字号马义兴店堂

耿福兴，一座城市的记忆

对芜湖人而言，中华老字号耿福兴，就是一家承载着城市记忆的百年老店。

1896年，耿长宏随父亲由扬州来到芜湖，挑着“饺儿担”（移动的水饺摊子），游走叫卖于芜湖大街小巷。1905年，耿长宏弟弟耿长富亦从老家来到芜湖。1908年，耿长宏、耿长富兄弟在芜湖三街口租下两间门面房，创办了“耿福兴饺面馆”，专营阳春面、虾籽面、酥烧饼等特色面点。

耿氏兄弟制作的面点别具风味，深受芜湖人喜爱，更有许多四邻八乡食客慕名特意前来品尝。于是，耿福兴餐饮声名鹊起，广为传开。

耿福兴老字号能历经百年而不衰，且愈发兴盛，主要因为耿福兴不仅坚守和传承了《中国名菜谱》收录的“珍珠鱼翅”“虾腐”等传统徽菜佳肴及享誉一方的“耿记小笼汤包”“耿记酥烧饼”等风味小吃，而且发扬了一个地域的饮食文化，体现了一座城市的人文风情。

如今，耿福兴不仅稳稳立足于其“出生地”芜湖，还将分店开到了省城合肥等地。耿福兴招牌，不仅是一座城市的乡愁记忆，更是芜湖这座城市餐饮业、餐饮文化传承与振兴的一张闪亮名片。

百年蓝义兴，烤鸭香芜湖

蓝义兴老字号传人掠影

蓝义兴吊炉烤鸭

一提到烤鸭，很多人头脑里便会闪现北京全聚德烤鸭及芜湖蓝义兴烤鸭。这一北一南两家老字号烤鸭相比，很多芜湖人还是觉得蓝义兴的烤鸭口感要好得多，或许个中夹杂着故乡情愫吧。

据蓝家后人蓝安君介绍，这间约一百平方米的老宅，先前是一家老澡堂，一百多年前，蓝家先辈蓝志华、蓝志富两兄弟从陕西蓝田来到芜湖，将老宅买过来，一直作为制作烤鸭的后场。两兄弟除制作主打产品吊炉烤鸭、桂花盐水鸭外，还制作清真熟菜，如牛肉脯、板鸭、鸭脚包等，可谓品种繁多，深受芜湖百姓喜爱。据蓝家传人蓝安成说，20世纪40年代，蓝义兴老字号在芜湖就已经很出名了，生意非常红火。

蓝义兴店前的招牌上面写道：蓝义兴——百年传统配方，香酥味美一绝。这个百年老字号也是芜湖餐饮行业的一张美食名片。

潮起潮落马义兴

馬義興
清真寺定点
牛羊肉
马义兴专营
興義馬
百年老店"马义

百年老字号马义兴店堂
馬義興
姚和平作画并记
马义兴吊炉烤鸭

在芜湖百年餐饮老字号中，有四家都带有“兴”字，分别是“马义兴”“耿福兴”“蓝义兴”“金隆兴”。其中，马义兴是最大的一家专门经营清真食品的老店。全国人大常委会原副委员长司马义·艾买提曾为马义兴题词，写下“民族之家”。

清光绪年间，13岁的马忠友随父亲由南京七家湾来到芜湖，在新芜路原万安桥附近开了一家清真饭店，店名为“马义兴”，即取“以义为本，兴隆旺业”之意。

马忠友父子善于经营，马义兴饭店在父子俩的操持下，生意越来越好。1918年，马忠友和儿子马维荣用积蓄在新芜路重新翻盖饭店并扩大了门面，正式创立了“清真马义兴饭馆”，并将清真菜系与徽菜制作相结合。如此一来，马义兴独特的菜肴和小吃更受顾客喜爱，生意也更加红火，名气越来越大。

20世纪50年代，原本专属于马忠友的私营饭店马义兴，改由芜湖市饮服公司经营管理。所幸的是，公私合营后，“马义兴”老招牌不变，依然保留着先前老店传统系列菜品，如马义兴桂花鸭、琵琶鸭、鸭饼等招牌菜，同时经营各类特色小吃、面点，如牛排、糟鱼、呛虾、牛肉锅贴、红烧牛肉面等，还承办清真宴席。马义兴的规模比以前更大了，光工作人员就有近百人之多，生意也比先前兴旺许多。

时至90年代，马义兴创始人之一，94岁高寿的马维荣老先生去世，新芜路拆迁改造，马义兴逐渐呈现衰败之势。2007年，王义近女士将“马义兴”商标权及经营权买断，并将楼上楼下店面扩大至1000平方米，可同时容纳300余人就餐。

如今，马义兴不仅强势归来，还在镇守二街总店的基础上，又在本市相继开了四个马义兴分号，并定下经营理念：以“弘扬清真美食文化，振兴百年老店辉煌”为企业使命，以“一流的卫生环境、一流的服务设施、一流的菜品质量、一流的待宾服务”，喜迎八方宾客。

百年顾家酱坊

在岁月的长河中，许多曾与我们生活有着密切联系的老字号，已然如同飘零的秋叶般渐渐隐入时光深处，却在我们记忆的土壤里生根发芽，成了我们忘却不了的乡愁。在老芜湖人的记忆中，一定少不了古城南门湾的一家百年老字号酱坊，这就是顾家酱坊，后改为芜湖蔬菜公司、酱菜门市部。

顾家人虽说是从扬州漂泊来芜湖经营酱坊的外地人，但凭着顾家祖传的秘制酱菜手艺，深受当年芜湖，乃至周边的当涂、宣城、江北人喜爱，尤其顾家干子不变色、不起孔、不粘刀，风味独特，是老百姓最喜欢的舌尖上的味道之一。承继家传、注重品牌、讲究诚信的顾家酱坊，不仅在秘制酱菜上取信于一方故里乡人，而且顾家之家风，也是为人称道的。顾家有三条明确家规，即不准赌钱、不准嫖妓、不准抽大烟。这也是顾家能兴业百年不衰的重要原因。

顾家人还有仁爱之心。以往每年夏天，顾家都会从王广和药店买药自配沐药，放在自家店堂供当地百姓免费取用。到了腊月送过灶神以后(腊月二十四日后)，顾家便在仙姑楼发米票，周济贫苦乡邻，米行再凭收集的米票到顾家酱坊结账。此外，顾家每年还会发放大米八百至一千斤救济乡民。

2020年初，先前还有顾家残存的老宅及几十口酱缸的院落，已被夷为平地。历经百年的南门湾顾家酱坊，就这样消失于我们的视线之中，成为芜湖人记忆中又一个难以忘却的老字号。

东门老濮凉粉

老濮凉粉，有人写作“老卜凉粉”。

说起老卜凉粉，那可是让芜湖人迷恋的特色小吃。老卜凉粉之所以吸引人，之所以好吃，不完全在于凉粉本身，还在于其独特的配料与炒制时恰到好处的火候，让凉粉与各种精心挑选的配料产生一种不可言喻的舌尖上的美味。精选的配料有葱、青尖椒、陈醋、白糖、生抽、芝麻油、花椒油、麻辣油、香菜、蒜泥、芝麻、黄瓜丝、碎萝卜、姜末、豆豉、虾米、水辣椒、食用盐、味精等。再加上对炒制时间、火候及配料成分和用量的精准把控，就构成了一道美味。这就是让芜湖人一天不吃一碗老卜凉粉就觉得浑身不自在的关键。

第四辑　民间艺人

一座城市里的民间艺人，传承的不仅是这座城市的乡风民俗、各有所长的民间手艺、各具特色的表演艺术，同时也是这座城市的地域文化。

——姚和平题记

张家康与铁画长卷《富春山居图》

张家康，第六批国家级非物质文化遗产"芜湖铁画锻制技艺"代表性传承人，安徽省第一届工艺美术大师，原芜湖市工艺美术厂铁画老艺人。他将中国十大传世名画之一的《富春山居图》首次锻制成铁画。

心生梦想

1992年，42岁的张家康赴宝岛台湾，参加海峡两岸文化艺术交流活动。在参观台北故宫博物院时，张家康第一次看到元代画家黄公望的《富春山居图》后半段《无用师卷》真迹，其前半段《剩山图》藏于浙江省博物馆。

听着讲解员叙说《富春山居图》断为两段、分居两地的凄凉动人故事，张家康心里涌动着一个创作梦想，他要将两段《富春山居图》，以铁画为载体，合二为一，完整地展示在世人面前。

张家康深知“打铁还需自身硬”，因此，回来后，他一边细心搜集与《富春山居图》相关的文字资料及画稿，一边抽空向身边画家讨教学习中国画的传统笔墨技法及理论知识，尽可能在锻制铁画时完美再现《富春山居图》的笔墨韵味。

遭遇艰难

2002年，正当张家康满怀信心，揉铁为泥，抡锤大干之际，他成了一名下岗工人。突然没有了经济来源，张家康倍感家庭生活的压力，不得已，只好暂时放弃锻制《富春山居图》铁画长卷的梦想，在家零散锻制一些仿古山水花鸟等铁画作品，以养家糊口。但作为一个有梦想、有担当的铁画艺人，张家康一刻也没淡忘锻制《富春山居图》的梦想。

2010年，张家康在电视上看到温家宝总理动情地讲述《富春山居图》分离待合的动人故事，他立刻想起1992年在台北故宫博物院欣赏《富春山居图》后半段画作《无用师卷》的情景。张家康心潮起伏，不能平静，有种时不我待的紧迫感。他立即关掉电视，从书柜中找出之前购买的各类版本《富春山居图》长卷画册，仔细地欣赏着这幅传世之作的每一处笔墨技法。虽说此前张家康已研读《富春山居图》无数遍，但每次研读都有新的感受与收获。

不能再等了，张家康下定决心，哪怕眼前的生活再艰辛，也要将《富春山居图》锻制成铁画长卷。

动锤锻制

2013年7月，张家康正式开始画稿、放样、设计铁画分析稿等各项准备工作。为还原《富春山居图》原作的完整画面，张家康将《剩山图》与《无用师卷》两段画稿拼接在一起，形成一幅总长10.9米、高0.62

米的完整铁画画稿。

为精确还原《富春山居图》画作的笔墨韵味，同年10月，张家康丢下铁锤，只身来到浙江富阳实地体验生活。在富阳，张家康或置身于富阳山深处，或登舟游弋在富春江上，怀古追风，领略山水胜境之美，积蓄铁画创作灵感。

张家康的富阳之行，无疑进一步深化了他对《富春山居图》画作意境的领悟，更丰富了他的铁画创作灵感。张家康感言道："锻制仿古山水名作，不是简单地模仿画面，更不是照葫芦画瓢，这需要铁画艺人在深刻理解、读懂读透画稿原作表现的主题意境、笔墨技法及画作时代背景的基础上进行二次创作。"

收获成功

从2013年7月开始临摹《富春山居图》长卷画稿，张家康边研究，边锻制，边修改，直到2015年5月底才将整幅画稿锻制成铁画。

《富春山居图》铁画长卷的横空问世，不仅凝聚着张家康的满腔心血，展示出张家康"以锤代笔，以铁作墨，锻铁成画"的精湛铁画锻制技艺，更透露出张家康创作仿古山水铁画的睿智才情。张家康首次将古代名人名画完整地以铁画的形式立体表现出来，使《富春山居图》成为另一种风格的艺术精品。

在《富春山居图》铁画长卷中，仅锻制的铁字达572个、各类图章达18个之多。整幅长卷，山峦跌宕起伏，松石滴翠流芳，章法气势恢宏，线条刚柔相济，画面墨韵漫溢。从那一叶叶富有生机的树叶，那一处处深凹有致、古朴厚重的树干，那一个个柔美俊朗的山水线条中，不难看出张家康锻制铁画时心思的细腻、用锤的讲究。2015年11月，在安徽省第五届工艺美术精品博览会中，《富春山居图》铁画长卷荣获金奖。2023年5月18日，第47个国际博物馆日，张家康将《富春山居图》铁画长卷捐赠给芜湖市博物馆。

李小广与石刻画长卷《清明上河图》

李小广，安徽省工艺美术大师、石刻艺术家，出身于芜湖石刻世家，曾祖父李固志、祖父李齐洲、父亲李圣才都是以石刻为生的手艺人。

《清明上河图》是北宋画家张择端仅见的存世精品，是中国十大传世名画之一，为国宝级文物，现藏于故宫博物院。长卷大致分为汴京郊外春光、汴河场景、城内街市三部分。在5米多长的画卷里，共绘了814个各色人物，有牛、骡、驴等牲畜73匹，车20辆，轿8顶，大小船只28艘，树木170多棵。画中人物衣着不同，神情各异，栩栩如生，其间还穿插各种活动。画卷中的房屋、桥梁、城楼等各具地域特色，体现了宋代建筑的特征。

2000年，李小广开始筹划创作石刻画《清明上河图》，这也是目前安徽乃至全国第一次有画家以石刻画的艺术形式创作《清明上河图》。经过测量、定位、布局、勾画、分类、汇总、雕刻等过程，李小广耗时3年零8个月终于完成了这幅气势恢宏、雕刻精良的石刻画长卷《清明上河图》。石刻画高28.5厘米，长580厘米，由15片厚度为6毫米的大理石组成，总计约40公斤。它是李小广在其租住的一间仅有10平方米的地下车库，用几把电动钻头精心雕刻出来的。

这幅石刻画长卷，分别于2004年在安徽省第二届工艺美术精品博览会上夺得第一名；2014年在安徽省精品博览会上获得金奖；2016年在首届鄂尔多斯国际创意设计大赛上获得一等奖（第一名）。

乡音梨簧戏，传承越百年

梨簧一曲唱梨簧
她三百载历史，多么漫长……
梨簧一曲唱梨簧
文化遗产渊源长
自康熙到民国后
啊……百年悠悠经历多少，多少沧桑
梨簧戏唱的是帝王将相
梨簧戏唱的是儿女情长
梨簧戏唱的是悲欢离合
梨簧戏唱的是平安吉祥
她曲曲道不尽天下百姓事
她声声只为把世上正气扬

芜湖人有芜湖戏
梨园美哉梨簧腔
人民和领袖都爱看
啊……江南丝竹，江南丝竹吐芬芳
梨簧戏古往今来雅俗共赏
梨簧人生旦净丑洒洒洋洋
梨簧戏扎根沃土鸠兹争艳
梨簧人矢志不移追求辉煌
唱一曲梨簧开篇颂我中华

芜湖梨簧戏传承至今已有近300年历史，是安徽省非物质文化遗产。

梨簧戏的唱腔，是从芜湖民歌音调中发展而成的，其中亦吸收了二黄、昆曲、弋阳腔的音律结构，使其唱腔更丰富、更高雅、更完整，百姓也更喜爱。

芜湖梨簧，名家辈出。清光绪初年，余立兴、胡家寿、张季瀛、王振林享有“梨簧四状元”之称，一时间各种艺术流派纷呈。当时按师傅的姓氏分，有吴门、贾门、柳门等流派。各流派在社会上享有一定的声誉。民国以后，张一鸾集合一批艺人创办了“梨簧公所”。芜湖还专门开设梨簧局，专管梨簧戏营业和艺术研究。可见，梨簧戏一直受到社会各界的关注及人们的喜爱，具有广泛的社会基础。

1959年，芜湖市梨簧戏剧团成立，先后上演传统剧日、创作剧目百余部，如《狮吼记》《送嫁》《摆渡人》《安安送米》《秦香莲》《三请樊梨花》《悠悠临江梦》《秦雪梅观画》等经典剧目，演出足迹遍及皖、苏、浙三省，深受各地戏迷喜爱。可惜的是，1984年，梨簧戏剧团解散了。此后，芜湖人就很难再完整地听到一段地道的芜湖梨簧戏，也很难再看到梨簧戏了。

令人欣慰的是，近些年来，沉寂已久的梨簧戏又重新在戏剧舞台上活跃起来。在芜湖市文化馆、芜湖其他戏剧舞台，人们可以经常看到梨簧戏表演。这除了要感谢政府的关心与支持外，还要特别感谢原芜湖市梨簧戏剧团元老卞敬荣、刘冬英伉俪及丁国银等艺术家的不懈努力与艰辛付出。

梨簧伉俪卞敬荣与刘冬英

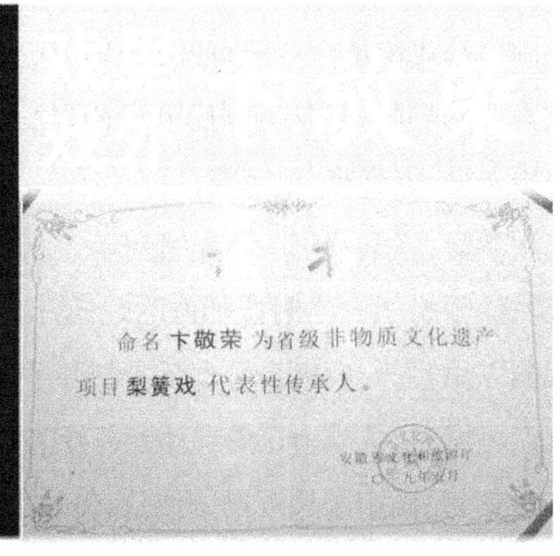
命名卞敬荣为省级非物质文化遗产项目梨簧戏代表性传承人。

命名刘冬英为省级非物质文化遗产项目梨簧戏代表性传承人。

省级非物质文化遗产项目梨簧戏代表性传承人卞敬荣、刘冬英被人们誉为“梨簧伉俪”。

已故梨簧戏表演艺术家卞敬荣，于1957年以吹笛子才艺考进了芜湖市庐剧团乐队。半年后，在一次调演活动中，卞敬荣被临时拉上舞台，担任“报子”的小兵角色。舞台上，卞敬荣把只有一句台词的“报子”角色演活了，随即被调到演员班。1959年芜湖市梨簧戏剧团成立，13岁的卞敬荣被调到了戏剧团。

卞敬荣善于表现不同角色需要的不同唱腔：演苏东坡时，唱出了苏东坡的风情儒雅稍加幽默；演周瑜时，唱出了周瑜的英武刚烈略带无奈；演张元秀时，唱出了张元秀那白发苍苍、悲愤欲绝的孤鸣哀哀……

在1986年全国曲艺新曲（书）目比赛中，卞敬荣导演的芜湖梨簧戏《三井门》荣获鼓励奖。卞敬荣还收了胡滨、周根庆两位学生，传授他们梨簧戏男声“阔口”声腔的唱法等，师徒同心，为梨簧戏的传承与发展竭尽全力，令人感佩。

同是13岁就进入芜湖市梨簧戏剧团的梨簧戏表演艺术家刘冬英，从未停止过对梨簧戏的弘扬与创新。她除了自己参与主演各类梨簧戏剧目外，更倾心于对梨簧戏剧本、唱腔和舞美的创作与创新，以及相关理论研究。如1996年创作剧本《从我做起》，获芜湖市艺术创作一等奖；1998年在《安徽新戏》上发表文章《浅谈戏剧小品创作的几个前提》；1998年创作剧本《保护生命线》《较秤》，1999年创作剧本《真情》，均获芜湖市调演创作一等奖。她曾深情地表示：“一生挚爱读诗书，三生有幸唱梨簧。”

梨簧戏代表性传承人丁国银

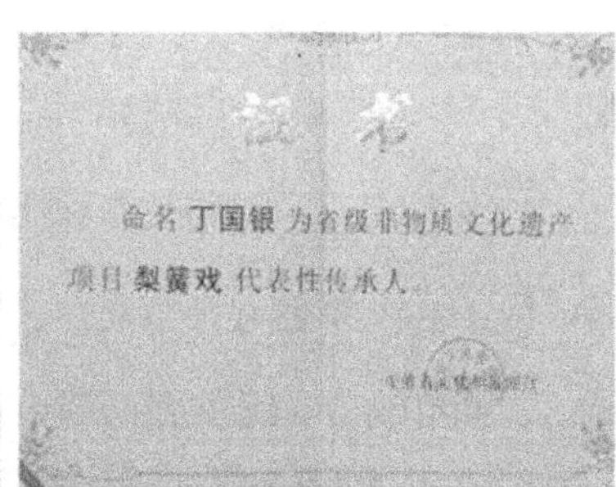

证书

命名**丁国银**为省级非物质文化遗产项目**梨簧戏**代表性传承人。

丁国银 演艺生涯掠影

丁国银出生于芜湖繁昌，也是13岁就走进芜湖市梨簧戏剧团。在演艺生涯中，她从花旦到小生，从闺门旦到武生再到文生，可谓演什么像什么。她扮演过秦雪梅、陈季常、贾母、许仙、薛丁山等角色。她的扮相俊秀，唱腔韵味独特，人物角色细致入微，嬉笑怒骂皆成文章。每部戏中，她都是主角。丁国银把自己最珍贵的年华都献给了梨簧艺术。

在梨簧戏表演艺术上取得丰硕成果的丁国银，1980年被芜湖市人民政府授予芜湖市“先进工作者”称号，1988年获安徽省中年戏曲演员大奖赛优秀奖。这些荣誉的获得，无疑是对丁国银梨簧表演艺术的肯定。

1998年丁国银退休后，仍旧坚持对梨簧唱腔进行创新，编导、演出新剧本，义务教学梨簧戏，搜集整埋珍贵影像及文字资料，期待着能为传承弘扬芜湖梨簧艺术，再现梨簧艺术往日辉煌，做出自己应有的贡献。

2017年12月12日，芜湖市戏剧家协会特意为丁国银举办了一场“老艺术家丁国银从艺六十周年座谈会”，这不仅是对丁国银从艺六十周年的庆贺，也是对为本土文化辛勤耕耘的芜湖老艺术家们的一份尊重、一份敬意。

“潘家班”魔术传人潘庆友

潘庆友是芜湖民间老艺人之一,他的魔术技艺可谓是“芜湖一绝”。

潘庆友出身于魔术世家,北京人,艺名小麻五。1933年“潘家班”来到芜湖,1935年即在芜湖大花园演出。当时小麻五才6岁,主要表演一些武术、叠罗汉等节目,是在“潘家班”学艺年龄最小的艺人。后来他不断勤学苦练,开始表演前后翻、顶杯、滚杯等节目。

随着潘庆友年龄渐长,才艺日高,名声愈大,后来的“潘家班”表演,几乎都是以潘庆友为主角的魔术表演。潘庆友深得家传,自己又勤奋苦练,表演的绝活越来越多,渐渐形成自己的杂技与魔术表演风格。尤其是潘庆友那离地十尺的“高空吊辫子旋转”杂技表演,让观众叹为观止。他被观众称为“小神童”,就连同行艺人都直夸他的才艺“盖山东,压山西,捎带南北二直隶”。

1964年,魔术高手潘庆友参加了当涂县首届曲艺训练班,与另一位芜湖知名魔术师鲁勤孝为同班学员。这次的曲艺训练班学习深造,让潘庆友在承继家传技艺的基础上,又融汇了其他门派魔术和杂技技艺,更加丰富了潘庆友的魔术和杂技表演。

魔术老艺人鲁勤孝

鲁勤孝,1929年生,与潘庆友是1964届当涂县首届曲艺训练班同班同学。

20世纪60年代至80年代,“鲁家班”魔术表演在芜湖,与王瑞月的“四家班”(即“赵家班”“康家班”“王家班”“蒋家班”,团长是王瑞月的姐夫蒋耀辉)、潘庆友的“潘家班”魔术队,呈三足鼎立之势,在当时的安徽魔术界都有相当的影响力。在由芜湖市相关部门组织的公益演出中,鲁勤孝与潘庆友曾多次同台演出,给观众留下深刻印象。

1987年5月,鲁勤孝带领的“鲁家班”魔术队作为芜湖市大型魔术技艺演出队之一,参加马鞍山建市30周年演出。演出结束后,马鞍山市工人文化宫颁发奖状,赞美鲁勤孝艺惊四座。这是对鲁勤孝魔术表演艺术的肯定。

鲁勤孝有五女一男6个子女。其中,5个女儿是鲁家魔术表演班底的五朵金花。息演后的鲁勤孝在古城十字街20号老宅前厅开了一家小杂货铺,以贴补家用。

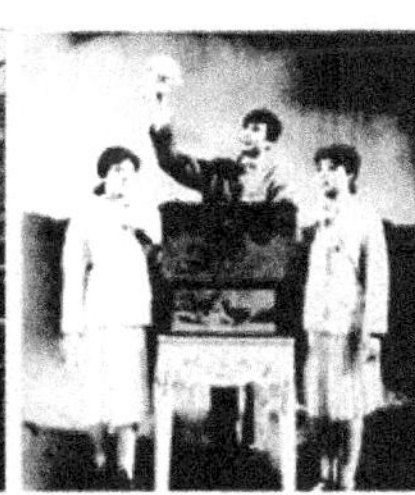

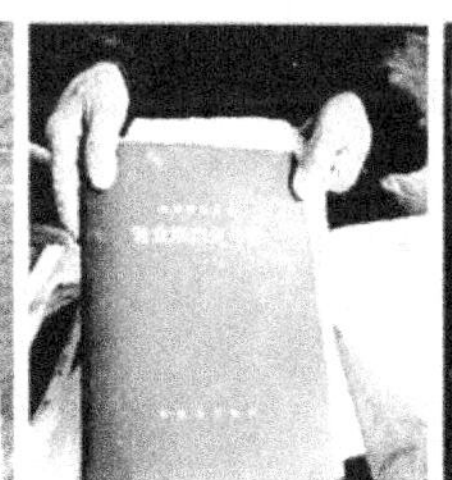
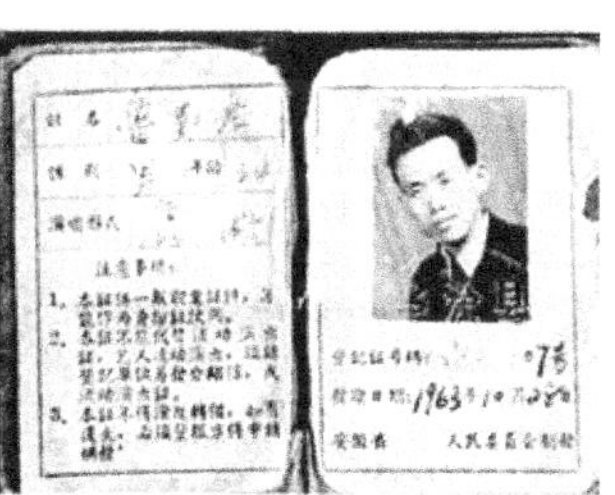

民间面塑艺人刘银亮

刘银亮是一位芜湖民间面塑艺人。13岁时，随同父异母的哥哥学会捏面人后，他独自一人背着装有制作面塑材料的小木箱，去武汉、下广州，一路到过十余个城市。手艺人很辛苦，日出而行，日落而归，居无定所，就靠行走卖艺生活。刘银亮说，不管是什么样的手艺活，不能在一个地方停留得太久，要始终给人以新鲜感、好奇感，这样才会吸引人，生意才好做。为了进一步提升自己捏面人的技艺，在四处行走的日子里，他除了一路拜师学艺外，还经常将其他面塑艺人的作品买回来仔细琢磨，认真模仿，渐渐形成自己的风格。刘银亮的面塑作品，造型夸张生动、憨态可掬，用色明快大方，制作粗犷朴实，雅拙相济，透出灵气。

让人意外的是，捏得一手绝活的刘银亮，其实没有一点美术基础，他不会画画，也没有文化，但他能用煮熟揉好的彩色面团和几件简单的面塑工具，以捍、剪、割、搓、拼、挤、夹、压、盘、叠、镶嵌、压纹、压花等手法，将诸如《西游记》《斩美案》等故事里的人物，捏得栩栩如生，惟妙惟肖。

民间面塑手艺，也是一道抹不去的浓浓乡愁。

2012年5月，在第六届中国（芜湖）国际茶业博览交易会上，刘银亮成了媒体及参观者追捧的“明星”。由于民间面塑艺人越来越少见，当刘银亮一亮相，来自各地的参观者就把他围得水泄不通，争相购买他捏的各种面人。更令刘银亮高兴的是，传承于民间的艺术，不因时代的发展，被时间的长河所湮灭，它所包含的浓浓乡愁还引发了外地芜湖籍同乡人的思乡之情。

2021年，面人（天津面塑）被列入第五批国家级非物质文化遗产代表性项目名录扩展项目名录。刘银亮心里期盼着将这门技艺一直传承下去。刘银亮对面塑艺术的虔诚之心，令人敬佩。

民间纸艺手艺人陈敬华

在芜湖民间有许多手艺高超，身怀绝技，或以魔术，或以石刻，或以糖画，或以剪纸见长的各类手艺人。陈敬华便是一位芜湖民间纸艺手艺人。

纸艺，是一门很古老的艺术。2005年，陈敬华做的一幅纸艺抽象人物立体画，在安徽工艺美术作品展上获得二等奖，这让已退休赋闲在家的陈敬华兴奋不已，从此，他便开始了纸艺创作。

纸艺创作并不是一门容易上手的艺术。就说纸雕艺术，是以纸为素材，使用刀具塑形工艺，结合绘画及雕塑之美，再通过切、剪、折、卷、叠、粘等技法，才可以创作出变化无穷的纸雕作品。较平面艺术，纸雕艺术多了立体发展的空间，产生了有趣的光影变化。

陈敬华是一位地道的老芜湖人，对芜湖有着很深的情怀，在他的纸艺作品中，主题几乎都与这座城市的历史变化相关，如已消失的十里长街、寺码头、泗关街，已涅槃为步行街的老中山路，城市建设新貌中的滨江公园、芜湖大剧院、镜湖全景、小九华广场等。陈敬华创作的这些纸艺作品，不同于平面剪纸艺术，都是以摄影作品为蓝本，将其中的平面景观，采用多种纸艺技法，表现出三维的立体效果，让人看上去有身临其境的真实感。

有道是天道酬勤。陈敬华从事纸艺创作十多年，已有60余件不同题材的纸艺作品先后在芜湖市文化馆、芜湖大专院校、安徽省级工艺美术类作品展等展出并多次获奖。2019年，在安徽省第九届工艺美术精品博览会上，陈敬华根据北宋著名画家张择端的《清明上河图》制作而成的立体纸艺作品荣获金奖。

姜荣斌与火笔画

姜荣斌是一位传承与创新传统火笔画艺术的践行者。

火笔画，又称火烙画、烫画，起源于西汉，兴盛于东汉宫廷，距今已有2000多年的历史。火笔画工艺曾一度失传，直到明末清初，才真正走进民间并逐步流传开来。火笔画的特点是以烙铁作笔，以火为墨，在木板、竹筒、宣纸、绫绸等不同材料上作画。其作品大至数丈，小不盈尺，具有极高的艺术欣赏价值和收藏价值。火笔画在制作工艺及工具上不断创新与改革，由先前传统的油灯烙改为电烙、躺烙、座烙，将单一的手工烙笔改为大、中、小各种型号的电烙笔，并可随意调温，从而发展了烙版、烙纸、烙绢等工艺。在创作火笔画时，手艺人可掌控电烙铁的温度，对作品进行润色、烫刻、细描和烘晕，从而使作品呈现深浅褐色，古朴典雅，别具一格。

火笔画工艺美术品曾广泛流传于安徽江淮地区，极具群众基础，是芜湖市工艺美术厂的一种工艺产品。姜荣斌在进入工艺美术厂之后，接触到这门别有韵味、风格独特的火笔画艺术。自小就喜欢画画的姜荣斌，在工艺美术厂工作的20多年里，学习了仿古绘画、瓷盘画、铁画、镀金画、火烙画等艺术。在这些民间艺术中，姜荣斌对火笔画情有独钟，一直从事火笔画的创作与创新。

2000年，姜荣斌成了一名下岗职工。为了生计，姜荣斌不得不寻找其他工作。2006年后，姜荣斌又重新拿起他熟悉的电烙铁，开始了火笔画的创作。重新投入创作的姜荣斌，在火笔画的艺术表现形式上，多了自己独到的创新想法。经过多年的摸索，他把中国画的一些笔法、色彩等与火笔画有机结合，使之融为一体，这样更具观赏性与艺术性，也更符合现代人的审美需求。

在姜荣斌的家里，几乎每个房间的墙上都挂有其创作的大小不等、规格不一的火笔画作品。这些作品，既有承继传统火笔画技法的痕迹，亦有其创新独到的彩绘艺术表现手法。

姚和平摄影及绘画作品集锦

摄影作品集锦

芜湖民俗 接新娘

方言注解：嘎，家；长该，长街；该个，今天；切大亏，吃大亏；对你港，对你讲。

抹不去的城市记忆
不曾忘却的老井

老弋江桥桥头

青弋江沿河路

公安街

公安街

老街淳良里

淳良里21号
守望

芜湖古城东内街

蕪湖火車輪渡

古城模范监狱

大砻坊

老货运火车站

金马门

老屋情怀

小砻坊老屋

油坊巷

芜湖市老北门王益兴灭蟑中心

弋江酒厂旧址
老永康旧址
变压器厂旧址
百年益新公司

绘画作品集锦

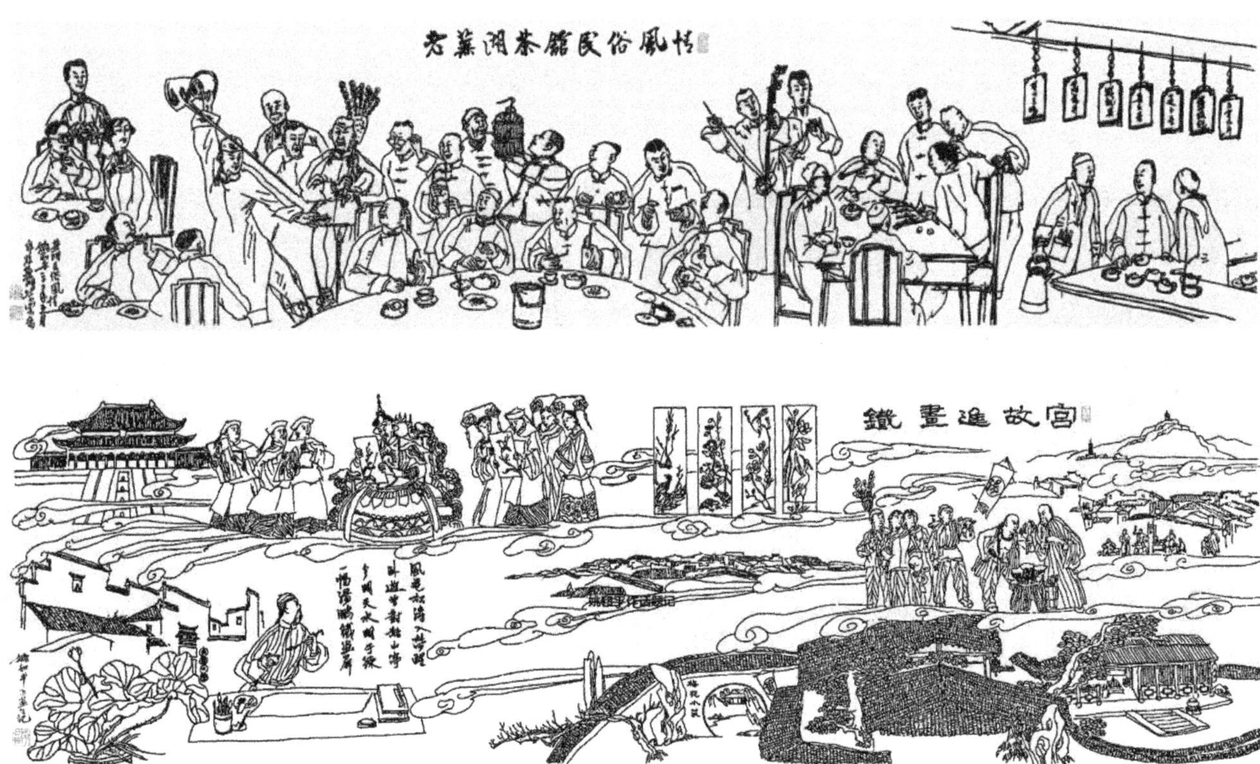
老蕪湖茶館民俗風情
鐵畫進故宮

蕪湖古城記憶

鸠兹俚俗風情

端午賽龍舟

青弋江上老浮桥
姚和平作畫并記

蕪湖老街——小礱坊速寫

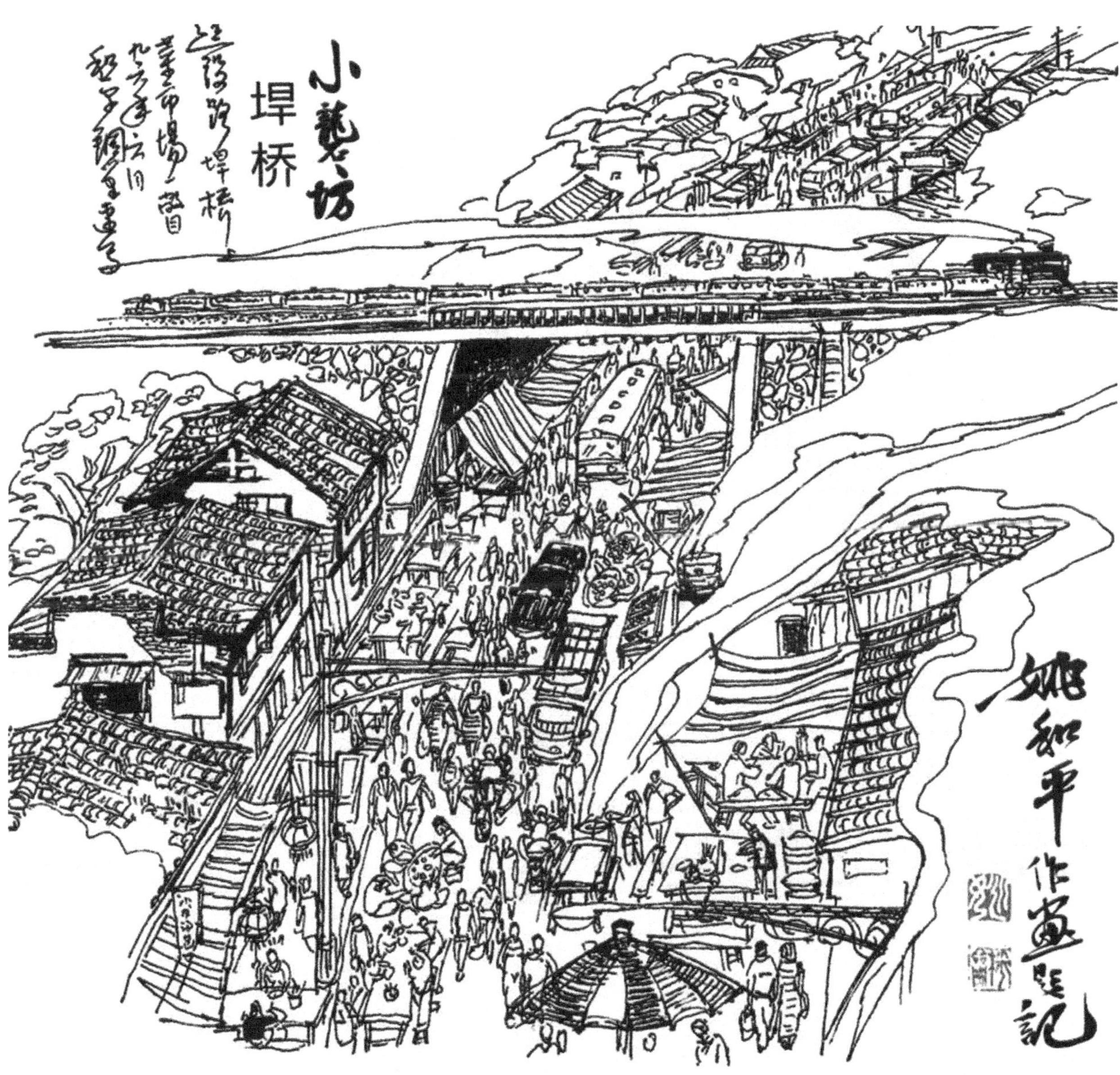
小藝坊
埠桥
姚和平作畫題記

烟雨墩名人馆
1986.11.

荆山寒壁

下河沿

紫荷
壬辰歲末 和平插圖

送灶
上天奏好事
下界保平安
福
芜湖年俗系列画

張恒春
李半仙
137
酒
醬味坊
老字號

浆染尚芜湖
芜湖记忆
和平图

梅
竹
菊

关门洲的传说
税

顾家酱坊
姚和平作画并记

老奎白鐵铺
换鍋
配
做暖炉

捏糖人
老芜湖民俗记忆
戊戌岁秋和平作画

銅鍋藕稀飯
和平作画

油炸臭干子
和平作画

回家，此心安处是吾乡

回家过年
芜湖站
芜湖欢迎您
壬辰岁末
和平速写于站道

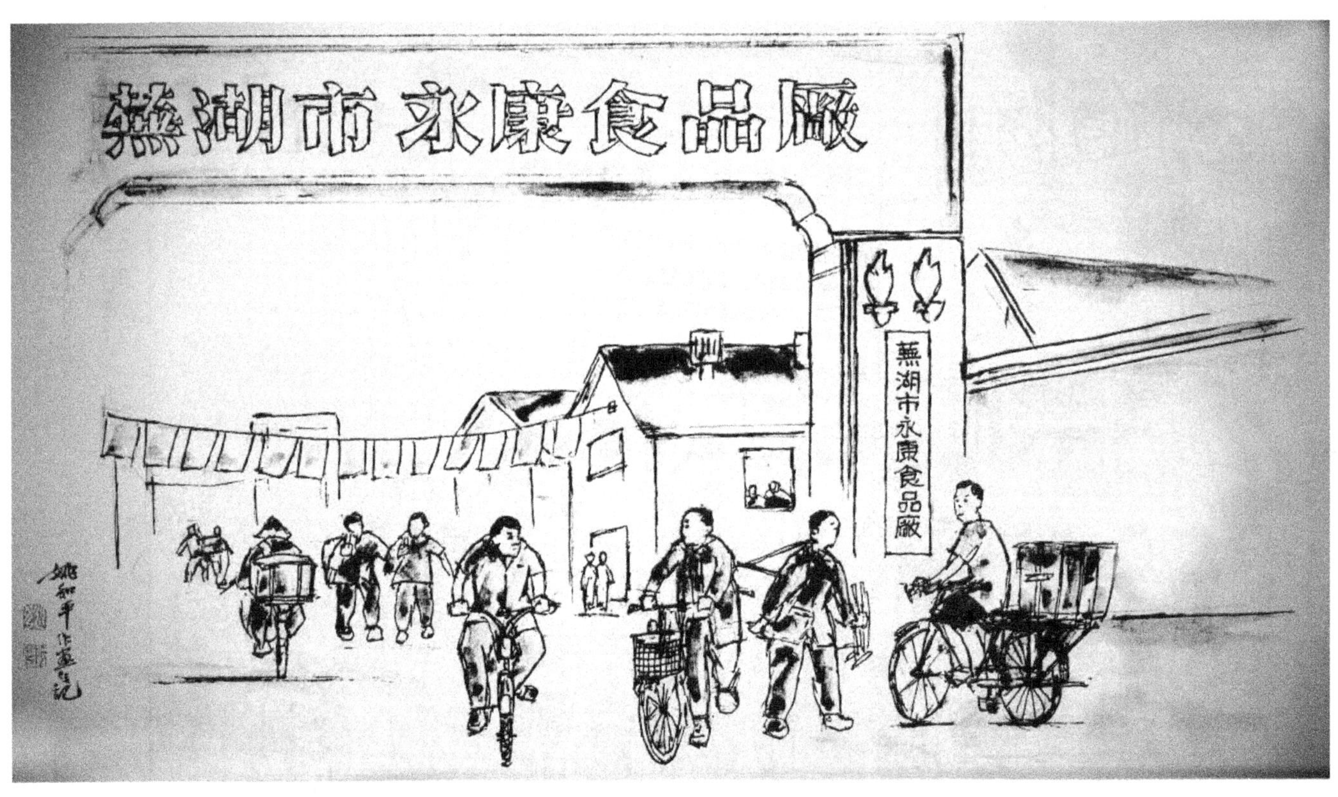
蕪湖市 永康食品廠
蕪湖市永康食品廠
姚和平作畫並記

永康冷库
我就在
棠梅村一带卖
你呢
我到芜钢厂
化肥厂一带卖
赤豆冰棒
150支
你是什么
冰棒
你是100支
奶油冰棒
在这里
冰棒
冰棒
冰棒
永康
赤豆
冰棒
姚和平作画

走馬燈

打年糕
芜湖年俗
和平图

城市記憶
姚和平作畫記

抖响嗡
童年趣憶之一
紀華圖

翻花

挑棍棒

踢毽子

折纸飞机

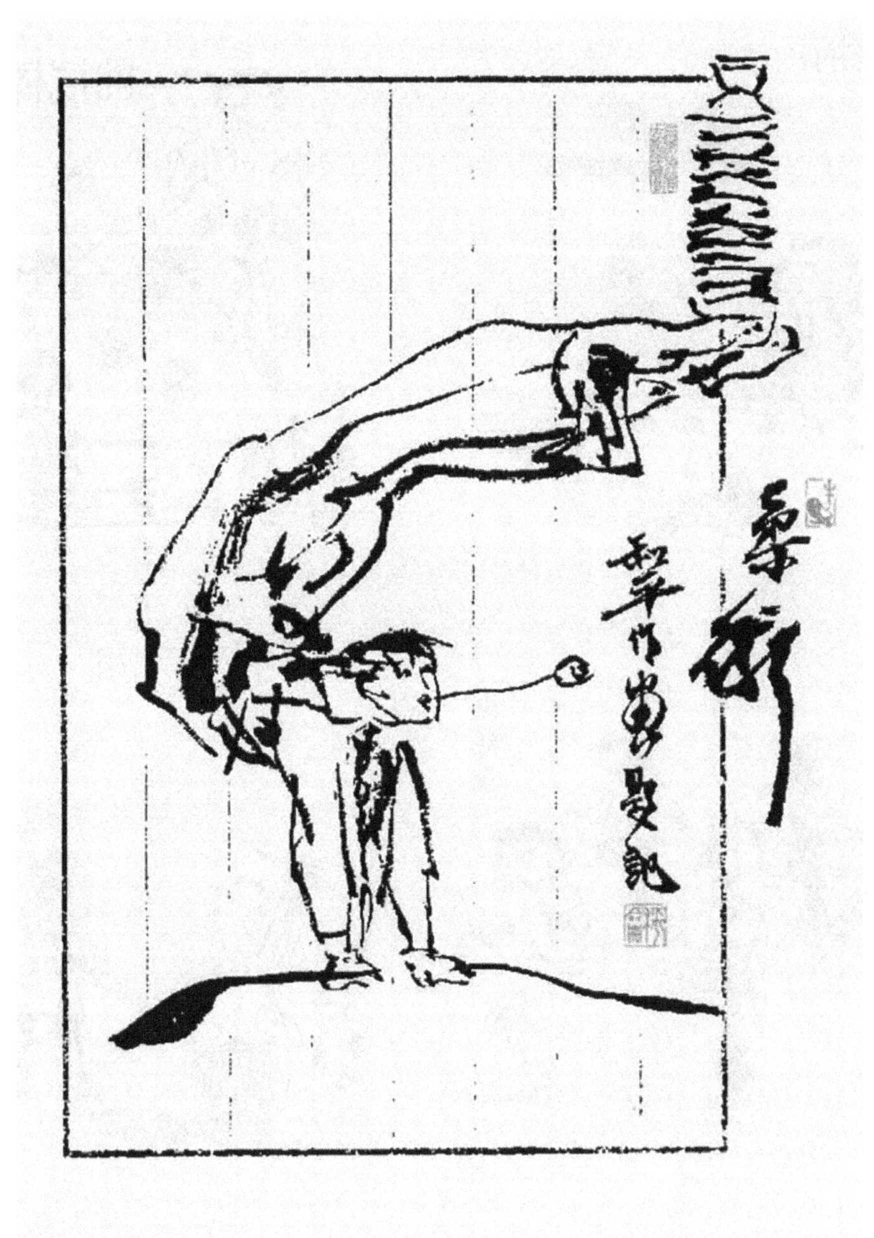

春歸圖
草長鶯飛二月天
拂堤楊柳醉春烟兒童
散學歸來早忙趁東風
放紙鳶 庚子歲末和平作畫題記

拉洋片
拉洋片絶活
城市記憶
和平畫

后　记

以《画说老芜湖》作为这本书的书名，不难看出我对绘画的喜好，当然也不难看出我对老芜湖俚俗风情和故里人家的深深眷恋之情。

我曾因芜湖老街老屋专题，独自一人带着速写本跑遍芜湖的老街老巷。那是一段令我非常难忘的日子。每当我给一条老街、一座老房子画“遗像”的时候，我的心情就特别沉重，尤其是当我亲眼看到那些记录着这座城市重要历史和具有浓郁地域文化色彩的老街、老房子，在隆隆的铲车声中被夷为平地时，我的眼前仿佛出现了一道历史的空白，一道无法向后人交代的空白。“难道这些陈砖旧瓦真的失去了应有的历史价值吗？难道现代的文明人真的对这些落满历史尘埃的青砖灰瓦没有一点点留恋了吗？不是！绝对不是！”这是我在《哭泣的雅积楼》一文中写的一段文字，当时的心情真是悲痛至极。

当我走进老街，热情的老房子主人见我挥汗面对老房子速写的时候，给我递上清凉的茶水，并不无叹息地对我说：“小伙子，我家这老房子有百年历史了，你现在还能看到她，再过一段时间这条老街还有我住的老房子就全部都要拆除了，我真舍不得离开这老房子。”我抬头望去，那老房子雕梁画栋，古色古香，我也为老房主将要失去老房子而难过。眼前的老街、老房子，如百年十里长街、百年贞节堂、百年顾家酱坊等，不正是这座城市发展的见证吗?!

面对这些已经发生的遗憾，想到将来还可能有意想不到的遗憾发生，不管是城市的规划设计者还是普通百姓，都有责任和义务从现在起关注和保护尚遗存在这座城市里的古建筑、古街巷，就像报人韦月先生所说的："千万不要小瞧了那一堆堆陈砖旧瓦，也许过了若干年后，你就是拿同样大小的金子，也换不来她。"为什么？这就是她的历史价值之所在，毁了她，就会永远地失去她！

对今天的人而言，一条老街，一座老屋，就是一段历史的缩影，是衔接城市发展的历史链条。如有数百年历史的儒林街，浓缩着芜湖丰厚的历史文化，吴敬梓《儒林外史》中有的故事情节，就是以儒林街文化背景写就的；如萧家巷，因姑孰画派始祖、芜湖大画家萧云从而出名；再如，位于大砻坊袁泽桥边的益新面粉厂大楼等老建筑，见证了芜湖米市的兴衰和芜湖工业的发展。它们都是这座城市发展的历史见证。

往年的老芜湖，可以说是留在芜湖人记忆中挥之不去的回忆，也是芜湖人心中抹不去的那份乡愁。

虽说眼下芜湖这座城市已见不到往年成片的、一望无际的低矮棚户区，听不到游走于街头巷尾的"穿绷子""卖五香豆子""修钢龙锅底"（"钢龙锅"指铝锅）等耳熟能详的手艺人吆喝声，看不见老宅人家将凉床搬到门外空地，撑起蚊帐，摇着蒲扇，于露天月下过夜的夏日民风景象，但只要有人一提起往年老芜湖的话题，年长的老芜湖人眼前便会浮现出往年在陶塘（现在的镜湖）边的大花园里看西洋镜里的动画片，看魔术艺人表演九连环、撕报纸变钞票，听说书人说三国、讲水浒，看小白利站在小木凳子上卖力吆喝梨膏糖，围观斗蛐蛐、赏古玩等老芜湖的市井俚俗景观。

老芜湖的市井风情、乡愁味道，不仅没有随着时光的流逝，淡出我们一代又一代老芜湖人的记忆，反而随着时间的推移愈来愈浓。近几年，芜湖古城区全面修复并开放，游人纷纷踏足古城，感受老芜湖俚俗风情，回味乡愁的味道，这足以说明人们对老芜湖的喜爱之情。

从年龄上讲，我虽算不上一位高龄长者，但可以说是生于斯长于斯的老芜湖人。对于老芜湖的民俗风情、故里人家往年的民风景象，60多年来，我不仅大部分都亲身经历过，且一直情有独钟，深深眷念。

作为一名绘画和摄影爱好者，将老芜湖风光、老芜湖民俗留存于绘画作品之中，收录于镜头之内，是我30余年来孜孜以求的情结。我自1987年至今，利用业余时间，从事本土历史文化、名胜、风情、民俗、老街、老屋等主题绘画和摄影作品的创作。我并不是单纯地抒发对老芜湖的怀旧之情，而是想尽最大努力，以手中的画笔，以相机的光影镜头，以纪实文字呈现与这座城市渐行渐远的老芜湖俚俗风情。

为让更多的年轻人了解老芜湖，我先后在《芜湖日报》、《大江晚报》副刊，当时的芜湖市民心声网（乡土芜湖版块）、芜湖新闻网（芜湖古城版块），现在的芜湖传媒中心“大江看看”公众号和相关刊物上开设了30余个主题系列栏目，发表了介绍芜湖沧桑历史、人文风情的《芜湖沧桑》《芜湖诗痕》《芜湖民俗大观》《老芜湖的记忆》《故里家人》《童年记忆》《父子逛江城》《芜湖十景》《芜湖老八景》《芜湖市井小照》《芜湖地名小照》《辉煌大桥》《老芜湖风土记》《金印传奇》《芜湖年俗》《芜湖民间手艺人专访》《芜湖非遗梨簧传人专访》《芜湖铁画艺人系列人物专访》《芜湖文艺家系列专访》《芜湖老字号专访》等专题系列连载配文绘画、摄影作品，发表与老芜湖相关的纪实类文字超百万字。这些反映芜湖人文历史、民俗风情的作品发表后，在社会上引起广泛好评，许多读者将我发表于报刊的系列图文作品剪裁成册，以作收藏。

自1987年开始，《芜湖日报》《大江晚报》和原芜湖电视台、安徽电视台等对我关注芜湖人文历史、宣传芜湖民俗风情、保护芜湖古城文化并创作大量绘画及文字作品的事迹作了10余次专题报道和宣传。我荣幸地于1994年1月被芜湖市文联评为“自十一届三中全会以来在文艺创作上取得优秀成果的作家艺术家”之一。令我感动的是，原芜湖电视台专题部《政通人和》《风雅江山》《鸠兹三人行》等栏目记者，对我走访芜湖老街、老屋，创作古城文化系列作品，进行了数月的录制与采访；1999年芜湖有线电视台专题部记者王宏在对我做了近一年的跟踪采访后，制作了《一个画家的手记》电视专题片。

2006年至2013年，芜湖市邮政局先后制作并发行了我创作的《芜湖年俗》《金印传奇》套装贺卡、明信片。2013年3月，由芜湖市文化委员会、芜湖通俗文艺研究会主编，我绘制的《鸠兹俗俚》画集，在历经三年的筹谋后，由安徽美术出版社正式出版发行。2013年5月23日上午，芜湖市文化委员会、镜湖区人民政府于芜湖和平广场举办芜湖首届市民文化节，特意安排我为前来参加文化节活动的市民签赠《鸠兹俗俚》。2015年6月，芜湖市党史和地方志办公室出版了由我配图45幅的《芜湖红色风云画萃》画册，这些插图之前曾在《芜湖日报》连载发表。

在这之前的30余年里，我一直给一些芜湖作家的著作画插画配图，罗列起来有10余本。我一直心存念想：什么时候能出一本自己的集文字、绘画、摄影于一体的老芜湖题材专著呢？

2016年11月，好友唐俊在和我聊天谈到芜湖古城改造时，建议我将之前已经发表的以老芜湖为创作题材的图文进行精选，出版一部专著，这正触动了我的心思。唐俊还就这本书的功能定位、专辑设置、主要内容，以及如何区别于已经出版的其他有关芜湖古城的书籍等问题多次与我交流。经过多个来回，时至2023年11月底，我们终于共同商定了《画说老芜湖》的篇目，唐俊对所有入选文章作了文字修订，我也对部分文稿内容作了充实。

书中所有文稿的绘画插图、照片插图均选自我30余年来的绘画及摄影作品，这是本书不同于其他同类出版物的一个特色与亮点，尤其是照片，许多场景今天已经看不到了，应该说是刻记老芜湖城市记忆的珍贵资料。这也是我一直想出版此书的情结之一。

姚和平　写于棠梅园紫云斋

2025年5月2日

作者走访芜湖古城老街掠影